食文化とおもてなし

山上 徹 著

学文社

まえがき

　世界の歴史は争い事の歴史でもあった。しかも，人類の歴史の大部分は，飢えの時代であり，欲望の中心は食材などの獲得にあったといっても過言ではない。食を巡る人間関係の争い事が歴史的に繰り返されてきた。それゆえ，人間の生きている原点は食にあるといえる。人間の基本的欲求について考えると，衣食住の生理的欲求がある。しかし，生理的欲求の順番は「衣食住」ではなく，「食衣住」が正しいのではなかろうか。つまり，氷河期でもあれば，衣を優先するべきであるが，衣服はなくとも食が足りていれば，十分生きられるであろう。それにもかかわらず，「衣食足りて礼節を知る」と，食よりも衣服が優先されている。また，人間は十分な衣食が確保できれば，本当に礼儀や礼節（名誉）をわきまえられるものであろうか。暖衣飽食の現代，日本人のすべてが礼節・善悪をわきまえ，相手を思いやるおもてなしを行っているであろうかと疑いたくなる。

　日本の食事の礼儀作法は，基本的に，自然の恵みへの感謝であり，食べ残さないで，つくった人への感謝にある。とくに，美味しく楽しく食べるために食事をする相手への配慮がなされ，食前・食後の挨拶や食事作法が形成されてきた。また，ハレとケの落差や身分上の差異をはじめ，調理法，食事様式，儀式の食事作法などを含めた食文化として礼法を確立してきた。しかし，残念ながら今日，日本の伝統的な食文化の遺産が次第に失われつつある。毎年同じ時期に繰り返されてきた年中行事をはじめ，冠婚葬祭などにおいても，日本の伝統行事が衰退化しているという危機感を感じさせられる。

　日本は農耕文化の国であり，自然からの食料を季節の節々で感謝や願いをする年中行事には食がつきものである。とくに，年中行事に餅がつきものである。正月の鏡餅をはじめ，3月3日の桃の節句には菱餅，5月5日の端午の節句には柏餅，秋の十五夜の際，月見団子などというように餅が深く関係してきた。さまざまな年中行事などの背景には，われわれの先祖が営々と築き育んでき

た，秘められた意味や由来が存在している．しかし，次第に，これらの年中行事の多くは伝承されることがなくなり，家族意識も崩壊し，年中行事を行う家庭も少なくなってしまった．今日，地域風土の中で生き抜いた先人の知恵・文化を，改めて問うてみることが大切なのではなかろうか．

とくに，他の動物と異なり，頭脳が発達している人間はそれぞれの時空間において文化を創造してきた．それゆえ，人間の食という営みは本能なのか，文化なのかと問われれば，後者のそれぞれの国々や地域に創造された文化の産物であると考える．それぞれの文化には掟が形成され，伝承されてきた．とくに，宗教は人間の食べ物に対し，驚くべき影響を与えてきた．食べ物を摂取するための規則が宗教の中で，厳格に組み込まれ，これが多くの人びとに対し，強い影響力を与えてきた．イスラム教やヒンズー教の戒律では，料理の食べ方を規定する厳しい規則があり，たとえば，ブタやウシの食用化を禁じている．

さらに，それぞれの料理には，端的に，フランス料理は嗅覚という鼻からの香り，中国料理は味覚をキャッチする舌，日本料理は素材そのものを活かした視覚という目からの盛りつけを重視している．このような食文化には科学的な合理性だけでは明確に説明できない側面が多く含まれている．

食に対するおもてなしには食具・食材をはじめ，ハード（モノ）な室礼（しつらい）などの配置，また，調理法・照明の明かりや花・香り・音楽・料理を出すタイミングなどのソフト（コト）なおもてなしの方法・システム，さらに，丁重で適切な接客スタッフ・仲居などの立居振舞い，応対などのヒューマン（ヒト）なおもてなしの心と形という要素が深くかかわっている．食するという行為には，もてなす側ともてなされる側が対峙する時空間のもとで，先の3つの要素が三位一体化して行われるものである．

ところで，世界中から日本へあらゆる食材が輸入され，現代日本人の多くは食の豊かさを謳歌しており，国民は快適な食生活を楽しんでいる．現代日本人は，もはや食は単なる栄養素というよりも，むしろ過剰摂取の状況でもあり，成人病が増加しており，食を見直す必要性がある．日本人はいつ頃から食べ物に困らない国になったのであろうか．このような状況は今後とも，長く続くも

のであろうか。たとえば，2011年，東日本大震災の発生や円高などにより，日本の貿易収支は第二次石油危機の1980年以来，31年ぶりに赤字に転落した。さらに，日本企業の海外移転で国内の産業の空洞化が進むと考えられる。今後，日本の経済力が維持できなくなった場合，日本人の食料問題はどのようになるのであろうか。

　このような疑問に基づき，本書は，まず，人間は何のために食べるのかの原点に戻って考え直す。その際，現代日本人は，食を通じて何かを忘れ，何かを見落としているのではないであろうか。とくに，日本人は，今こそ食べる姿勢を自ら正し，先人から伝習された食せること，食することへの意義や背景を再認識し，真の食し方，さらに，おもてなしの心を再検証する時期が到来しているとの問題意識から本書を刊行することにした。

　しかしながら，本書は食文化とおもてなしに関するすべての事象を体系的に論じるものではなく現在，個人的に関心事の高い分野を中心に論述したに過ぎない。本書では食文化にかかわる基礎的な用語などをできるだけ平易で簡潔にまとめてある。とくに，類似する用語間においては，できるだけA対Bという対比形式を多く取り入れ，それぞれの差異性の明確化に努める。

　本書を通じて食文化・おもてなしに関する背景を読み解く楽しさを多少とも理解して頂ければ幸いである。食文化・おもてなしに関心を持っている方々に対し，少しでも食育の大切さを再認識する機会になればと，念じるものである。

　最後に，本書を出版するにあたり，誠意をもってお世話下さった学文社社長・田中千津子氏をはじめ，編集作業で適切なチェックを賜ったスタッフ各位に，心から深く感謝申し上げる次第である。

2012年1月

山上　徹

目　次

まえがき ……………………………………………………………………… i

第1章　日本の風土と食文化 …………………………………………… 1
1. 日本の地理的条件と食文化……………………………………………… 1
2. 文化の要素と伝播のサイクル…………………………………………… 3
3. 食の生理的欲求と楽しむ食べ物………………………………………… 5
4. 現代人と食文化…………………………………………………………… 9
5. 食事方法と食文化………………………………………………………… 10
6. 食生活と日本料理………………………………………………………… 16
7. 日本の食料自給率と食育の必要性……………………………………… 18

第2章　食生活の変貌と地域の食材 …………………………………… 26
1. 日本人の食生活の向上…………………………………………………… 26
2. 現代人のライフ・スタイルと食文化の変貌…………………………… 29
3. 現代生活における特産の料理と不満…………………………………… 31
4. 伝統的な日本料理とグルメ……………………………………………… 34
5. 第六次産業への進化における地産地消と地域ブランド……………… 37
6. 食における駅弁と地域文化……………………………………………… 45
7. 地産地消における道の駅と地元商店街………………………………… 49

第3章　おもてなしの心と京料理・日本料理 ………………………… 53
1. 三間価値とおもてなしの進化・深化…………………………………… 53
2. 日本料理と西洋料理のおもてなし……………………………………… 61
3. 京料理・日本料理における公家対武家………………………………… 63
4. 社寺における精進料理対普茶料理……………………………………… 65

5. 茶の湯における懐石料理のおもてなし	67
6. 会席料理における食材とあしらい	73
7. 京料理における大徳寺弁当対松花堂弁当	77
8. 京料理・日本料理における「強み」対「弱み」	78

第4章　年中行事のおもてなしと食文化　　81

1. 季節と年中行事	81
2. 時間価値と年中行事	85
3. 正月における年中行事と食文化	90
4. 年末における除夜の鐘対年越しそば	94
5. 年中行事における社寺対家元・宗家	97
6. 京都における社寺の年中行事とおもてなしの目線の転換	101

第5章　五節句と冠婚葬祭のおもてなし　　104

1. 四季と五節句の行事	104
2. 人日の節句とおもてなし	107
3. 上巳の節句とおもてなし	108
4. 端午の節句とおもてなし	111
5. 七夕の節句とおもてなし	113
6. 重陽の節句とおもてなし	114
7. 冠婚葬祭とおもてなし	117

第6章　祇園祭と祭礼のおもてなし　　125

1. 祭の神人共食とハレの連続	125
2. 村の祭と町・都市の祭礼	127
3. 祇園祭の特質	131
4. 八坂神社の祭と食のおもてなし	135
5. 京都と小祇園祭のおもてなし	137

    6. 京阪神の夏祭におけるおもてなし ……………………………… 140

第7章　能登の文化とおもてなしの輸出力 …………………… 144
　　　　　－加賀屋の海外進出を事例として－
    1. 能登半島における地勢と世界農業遺産 ………………………… 144
    2. 奥能登における世界無形文化遺産と文化の伝来 ……………… 145
    3. 能登・輪島における集客力といしり鍋のおもてなし ………… 146
    4. 能登・加賀における人びとの気質 ……………………………… 151
    5. 能登・加賀屋の企業文化と極上のおもてなし ………………… 153
    6. 日本人とアジアの富裕層との類似性対異質性 ………………… 156
    7. 日本的なおもてなしの輸出力と現地化 ………………………… 159

第8章　宗教のタブーと食文化 …………………………………… 163
    1. 日本人における一神教対多神教への宗教観 …………………… 163
    2. 宗教における食のタブー ………………………………………… 170
    3. 世界における珍味と食文化 ……………………………………… 174
    4. 世界の著名料理と食文化 ………………………………………… 177
    5. 外国の祭日における日本のおもてなし ………………………… 183

あとがき　総括 ……………………………………………………………… 188

索　　引 …………………………………………………………………… 193

第1章
日本の風土と食文化

1. 日本の地理的条件と食文化
(1) 地理的条件
　日本の風土は元来，夏季の高温多湿の気候のために，衣食住の面において長い間，日本人の生活に多大な影響を与えてきた。たとえば，和服は身体から発散する体汗などによって，衣服が肌に密着して不愉快にならないようにするために，袖や裾から通風ができるように，特有なデザインが施されているように風土と適合している。

　日本人の食文化の成立は，気候・風土から多大な影響を受けている。日本列島は，ユーラシア大陸と太平洋との境界地帯に位置する特殊な地理的条件で構成されている。大陸の東の端に位置する日本列島は，世界文化から遮断されているような地理的位置に立地している。日本人は古くは縄文時代頃から稲作農耕に励み，野菜や豆を栽培し，さらに海の幸を活用してきた。とくに，日本近海には多くの海産物が存在し，日本列島は世界三大漁場の一つであり，日本人は海洋からの主要な食物資源を摂取してきた。つまり，日本では山地に焼畑・狩猟の食文化，平地に稲作中心の農耕・畜産の食文化，さらに，海岸部では漁業・水産加工の食文化が成立している。日本の食文化の特徴を地理的条件から区分すると，次のようになる。

　① 四季の変化に適合し，また，島国のために山海の幸を利用してきた。
　② 外国の食文化が伝播し，それを取捨選択してきた。
　③ 地域が山岳・山脈・河川などによって分断され，地域固有の文化を形成

してきた。

　日本では2000年以上前，アジアからの水稲耕作が伝来し，米中心の食文化が根づいた。季節の野菜や魚介類と一緒に食される米飯の伝統は，江戸時代（1600～1867年）の鎖国でより洗練化され，その文化が日本料理の根幹となり，独自な食文化を確立した。しかし，約150年前の明治期に西洋社会への扉が開かれ，日本古来の料理以外にも，外国料理が伝播した。それはほぼ原型のままで普及したものや日本人好みに変容されたものなどがあり，豊かでバラエティに富んだ食文化が形成された。しかも今日，グローバルな物流システムの発達により，日本人は世界各地の食事，外来の食文化を体験することが可能になっている。

(2) 人間と食文化

　食文化とはある一定の地域社会の構成員らによって共有されている食の体系といえる。文化は地域の個性であり，異なる文化圏の人びとには敬遠される場合がある。日本人の典型的な食文化として朝食では温かいご飯に対し，味噌汁プラス香り物（沢庵などの漬け物）である。しかし，外国人においては味噌汁・納豆の香り・臭いは嫌いである。また，日本人は韓国人の強烈なキムチやにんにくの臭いによる口臭・体臭には閉口する。一般に美味しいと，評価されている食材の中には，強烈な臭いのある食材・料理が多い。たとえば，日本食ではくさや，焼き魚，納豆，沢庵，鮒ずし，いしり醤油などをはじめ，外国品ではチーズ，ドリアンなどは臭いがキツイが，それにはまると美味しくてたまらないという。強烈に臭う食材がゆえに，地域の人びとに絶品と珍重されて，地域固有の食文化を形成している場合がある。また，料理は本来，温かいものは温かく，冷たいものは冷たいことが原則である。しかし，異文化圏の間では，その原則がすべてに同一基準とは限らない。人間の嗜好の好き嫌いは日頃の食する味覚・嗅覚を基準に判断され，それ以外の味覚・嗅覚の食材には馴染めず，異なると，結局，受け入れたくないために，まずいと評価しがちになる。日本人はビールが美味いか否かの判断基準とし，冷えて，ノド越しが良いことであ

るが,その際,常飲している銘柄の商品が最高に美味しいと考えがちである。しかし,たとえば,中国人は歴史的に,あまり冷たい飲料水を飲むことを好まない。それは最近まで冷蔵庫が普及していなかったこともあろうが,それよりも,漢方薬の精神に基づく食文化を大切に守っているためである。それゆえ,中国の北部地方では常温でビールを飲むことが当然と考える人びとが多い。

多くの食べ物に対し,現代の若者はマヨネーズをかけることが好きである。それは,昔から決まっていた食べ方が崩れ,味覚への破壊的な行為が進んでいると批判される。

2. 文化の要素と伝播のサイクル

(1) 文化の要素

文化はある一定の地域社会の構成員によって継承されてきた生活様式の統合的な体系といえる。その文化に対し,移動・交流の対象となる要素とは何であろうか。表1-1のように文化を広義に解すると,次のように,一般的に「モノ・コト・ヒト」に分類できる。

① 物質的文化(モノ):衣食住にかかわる形のある機械装置・建造物・食器・料理など
② 制度的文化(コト):社会生活を営む上での慣習・法律・言語・諸行事・作法など
③ 精神的文化(ヒト):人間そのものを育む学問・芸術・道徳・思想・宗教・おもてなしの心など

表1-1 文化の伝播速度

要 素	文 化	伝播の速度	特 徴
モノ(ハード)	物質的文化	速い	形のある見える機械・建造物・料理・食具・食材などの有形文化
コト(ソフト)	制度的文化	比較的遅い	社会生活を営む上での風土・慣習・食事法・調理法などの無形文化
ヒト(ヒューマン)	精神的文化	最も遅い	学問・道徳・思想・宗教・おもてなしの心などの無形文化

出所)山上徹『現代港湾の異文化の賑わい』成山堂書店,2003年,27頁を参照。

「食」は人間が生きるための基本的な行為であり，食文化は先の3つの要素から構成される。食文化はある地域社会において食生活を通じ，体系化した文化である。つまり，ある地域社会で主に何（物質的文化）を食し，その料理方法，調理の仕方（制度的文化）において一定の共通する食生活への対応（精神的文化）が継承される。食文化とは，ある地域社会の人びとが地域固有の食生活（物質的文化，制度的文化，精神的文化）を共有していることを意味する。

(2) 文化の伝播サイクル

　世界の歴史は戦争の歴史であったと同じように，諸文化の接触と異なる文化間の交流の歴史でもあった。日本は孤立的に単独で日本文化を培ってきたものではない。日本文化は昔から海外の他の文化を受容して発展してきた。文化の伝播とは，世界各地に成立した文化の統合過程でもある。有形・無形な文化が伝播するには時間が必要となる。
　表1-1のように文化はそれぞれの要素が同じ割合で伝播し，変容するものではない。ある文化の要素は他の文化の要素よりももっと速く伝播するという性向がある。
　かつて社会学者オグバーン（William Fielding, Ogburn）は文化の各要素が同じ割合で伝播するものではなく，ある要素は他の要素よりも速く伝播するという「文化の遅滞」を提唱した。家，工場，機械，原材料，工業製品，食料品その他の物質的文化が伝播する時，習慣，習俗，社会制度などの非物質的文化は同様に伝播していない。つまり，非物質的文化が物質文化に追いつき適応するには常に時間が必要になる。この両者間のタイム・ラグ（time lag）が「文化の遅滞（Cultural lag）」と称される。しかし一般的に，物質的文化だけが，伝播するものではなく，かならずそれの装置，制度，技術などが続いて伝わる傾向がある。その文化の伝播サイクルは，基本的には，まず物質的文化（モノ）から始まり，次にやや遅滞しながらも非物質的な制度的（コト）文化の伝播・移転が起こる。一般に前者に対し，後者は遅れて伝播し，発芽・開花する性向がある。精神的文化は，本質的に新たな地域で根付き，移植・受容されること

自体，容易なものではない。

　文化の伝播サイクルは，一般的には，まず物質的文化（モノ）から始まり，次にやや遅滞しながら制度的文化が伝播・移植する。多くの場合，物質的文化は制度的文化よりも容易に移植・伝播が可能になる。すなわち，物質的文化→制度的文化→精神的文化の順序で伝播する性向がある。しかも文化の遅滞・ズレは最も遅く難解なのが精神的文化（ヒト）の移植・移転である。文化の伝播は他の民族からモノ・コトが伝わり，最後にヒトの精神的所産が変容されることになる。しかし物質的文化は，いかなる場合でも，最初に到来するものとは限らない。精神的文化の範疇，いわゆる宗教は，物質的文化と同時に伝来しないで，宣教師（伝道師）などで単独に布教される事例が多くある。物質的に恵まれていない未開な後進地域への布教活動はまず精神的文化，つまり布教による救済活動が行われ，比較的遅く物質的文化が伝播するという逆の文化の遅滞が生じることもある。

3. 食の生理的欲求と楽しむ食べ物
(1) 人間の生理的欲求対自己実現欲求
1) 人間の生理的欲求

　食べ物の歴史は人間の発生と同時に始まっており　人間は食べ物の産物であるといっても過言ではない。人間が生存するには，基本的に生理的欲求として食衣住の三者が必要欠くべからざる物的条件となる。とくに，食べ物は人間活動のエネルギーを補給し，機械にたとえるならば，人体を動かす動力源といえよう。それゆえ，人間は毎日，何らかの食べ物を摂取する必要性があり，その適否は人間の健康を左右し，生命の基盤を培うものであることは他言するまでもない。

2) 自己実現欲求

　日本人の食事は生理的欲求として「生きるための食事」から「楽しむための食事」へと移行してきている。知的欲求を満たすためにも，未知の土地の食文化という光を観るという観光行為は，現代人の観光において貴重な欲求となっ

ている。ある地域を観光した際，そこで味わう食の適否が都市そのものを印象づける。それは人間の生理的欲求ではなく，もはや上位の自己実現欲求に到達している。その土地固有の料理との出会いが人びとに高い価値を与える。

(2) エンゲル係数対エンゼル係数
1) エンゲル係数

　エンゲルの法則（Engel's law）は所得の上昇に伴い家計費に占める食料費の割合が低下するという統計的法則をいう。1857 年，ドイツのエンゲル（E. Engel）は，ベルギーおよびザクセン地方の労働者家族の生活費に占める食料費・住居費・衣料費の割合の変化と所得との関係を明らかにした。それは所得が大きくなるほど食料費の割合は小さくなる。つまり，所得の増加に伴い，食料費が占める百分率は減少し，総支出に対する食料費の百分率をエンゲル係数（Engel's coefficient）と名付けた。エンゲル係数が小さいほど，生活水準が高いとされてきた。文化費は食料費と反比例し，次第に上昇するとした。

2) エンゼル係数

　少々，所得が増加したとしても，世代間で食料費を削り，たとえエンゲル係数が低くとも，他の生活経費の増額負担，たとえば，教育費・介護費などで苦しむ人びとが多くなっている。そこで，野村証券ではエンゲル係数をヒントにし，消費支出に占める養育費や教育費の割合をエンゼル係数（angel coefficient）と称した。日本の家計ではエンゼル係数の比率が年々増加し，家計を圧迫する要因となっている。

　一方，近年，交通手段の発達により，国際物流コストが安くなり，世界中から新鮮で最適な旬の食材が廉価に輸入できるようになり，他の生活経費に比べて食料費が低下傾向にある。しかし総じて，日本人の現代生活においては，必要最低限な生理的欲求水準の時代から，自己実現欲求を充足するために，高級志向を楽しむ時代へとシフトしており，エンゲルの法則とは異なる現象が起こっている。現代の消費者は食事の内容が高級化，高額化しており，とくに，外食する回数が増加し，食料費が決して低下していない。このような理由では

所得の上昇に比例し，エンゲル係数は下降せずに，むしろ食料費の比率が上昇するという逆の傾向となっている。

(3) 食文化への関心

　人間にとって食事をすることは，生命を維持するためのエネルギー，胃袋の欲求の「食べるガソリン」としての「栄養的に必要欠くべからざるもの」だけと，考えるべきではない。人間は食べ物から栄養源のみを摂っているのではなく，とくに，美味しい料理の食材をはじめ，それがどこで生産され，どのように料理したら作法に適っているか，いつ頃が食べ時かなどの食文化を考えることによって，食への楽しみが増幅し，自己実現欲求が充足できる。食は人間関係をなごやかにし，生きていること自体に喜び，尊さなどの感動を与える働きもある。それゆえ，食が文化と称されるには，人間の最低の生命維持的な食事行為だけを対象としているのでは狭い考え方ではなかろうか。食べ物には文化的な慣習が表れやすい。食と文化との関連性が深く，食する行為は文化活動であると考えることが大切ではなかろうか。食が文化であれば，所得の増加に伴い食料費の割合は単純に減少すると考えるべきでなく，今後，ますます人間の欲求は自己実現欲求を充足させるために，質が高く，高額な食べ物へとシフトすると考えるならば，食料費の割合は決して減少するものではないであろう。

(4) 食を楽しむ欲求

　観光形態は今日，多様化，個性化している。とくに，表1-2のように非日常生活圏に旅する頻度が多くなり，旅の目的の一つに食が注目されている。人間は異なる都市・地域の食文化に興味を抱き，とくに，来訪した地域の特産料理・飲み物への関心が非常に高い。非日常体験を求める観光の動機には，訪れた地域固有の食べ物への関心が高く，食文化は大きな目的となる。食文化を目的とする観光形態は多様に存在する。観光客には訪れた地域固有の食との出会いが楽しいことになる。地域の良さを評価する際，食が大切な要素になっている。そこで，地域固有の食材を活用し，特産品を開発し，それを観光資源化し，

表1-2 食を楽しむための観光形態

食の観光形態	日本語観光名
グルメ・ツーリズム（gourmet tourism）	食通観光
ガストロノミック・ツーリズム（gastronomic tourism）	美食観光
クイジーン・ツーリズム（cuisine tourism）	料理観光
キッチン・ツーリズム（kitchen tourism）	家庭料理観光
カリナリー・ツーリズム（culinary tourism）	料理割烹観光
ワイン・ツーリズム（wine tourism）	ワイン観光
フード・ツーリズム（food tourism）	食べ物観光

出所）鈴木勝『観光立国ニッポンのための観光学入門』NCコミュニケーションズ，2011年，101～105頁を参照作成。

　地域外から観光客を集客できれば，地域経済の活性化に貢献できる。観光は交通費・宿泊費・料理・飲食などの諸経費が発生する。観光に消費する金額の配分自体は著しく個人差がある。

　しかし，近年，観光地における非日常性を求める観光客のニーズに対し，食が最大の求心力・集客力を発揮するようになってきている。観光地に出かける際，明確な目的が求められるようになった。その目的はたしかに多様化・個性化しているが，とりわけ，食文化という味覚への充足の比重が高まっている。現代人にとっては観光の目的が多様化しているにしても，食は非常に重要な要素である。わざわざ観光旅行に出かけ，食する価値がある卓越した料理・飲み物との出会いが強く求められている。それゆえ，観光客の観光の諸経費に占める料理・飲食費の割合は必然的に上昇傾向になるといえよう。

　観光地における食文化の体験の多くは，観光の終了後，結果論的に思い出話，土産話として人びとへと口コミで広まる。とりわけ，観光情報の質量の飛躍的な拡大に伴い日本人の観光地の選択において，地域固有の食の良し悪しが最重要な要素となっている。地域の特産料理，地産地消の食材の魅力や地域固有の年中行事の食文化などを再考する際に，地域外のヨソ者・観光客などの目線から再発見することも非常に大切なことである。そのような理由からも，食文化とは何であり，いかなる特徴があるかを考えることが必要となる。

4. 現代人と食文化
(1) 食生活の構成要因

　食は文化といえるが，単に生命維持のみを目的とした生理的欲求の食事行為という段階では，あまり文化性が感じられない。しかし，採取の方法が先人の知恵によって作られたものや，食材に調理が施されたり，あるいは高度な技法が付加されたりしているならば，それはもはや固有の文化ではないであろうか。

　食生活には，基本的には生物学的，消費経済的，生活環境・文化伝承的な視点が包含される。つまり，食生活は食材を購入して，それぞれの伝承のもとに加工調理を行って食べ物となる。これを食し，健康・生命を維持するだけでなく，次第に感覚的にも満足感や精神的快楽という自己実現欲求へと進化する。とくに，食生活は食文化の基礎の上に実践される人間の食の営みであり，表1-3のように食生活の構成要因は文化的要素から形成されている。

(2) 食文化対食事文化
1) 食文化

　食文化は，農漁村などの食糧生産や食料・食品の流通に関する事柄，食べ物の栄養や食物摂取と人体に関する観念なり，価値体系など，食に関するあらゆ

表1-3　食文化の構成要因

要因群	要因項目
物質的文化	①地象条件：緯度，高度，内陸，海岸，土壌等 ②気象条件：気温，湿度，特異な気候等 ③物質条件：食材の摂取
制度的文化	④獲得の技術：採取，漁労，狩猟，農耕，牧畜，酪農等 ⑤調理の技術：調理器具，調理操作，調味，組合せ，献立等 ⑥保存の技術：水分活性，醗酵，殺滅菌，化学物質等 ⑦流通システム：流通経路，物流，情報等
精神的文化	⑧規範：宗教，禁制，タブー，儀礼等 ⑨慣習：食具，作法，食制，年中行事，流行等

出所）石川寛子・芳賀登監修『食文化の領域と展開』雄山閣出版，1998年，101～104頁を参照作成。

る事項の文化的な側面が対象となる。食文化とは，食にまつわる文化を総称する概念といえる。そこでは食材，調理法といった食品に関わるものから，食具，マナー，外食産業などに関するまで，多くの物事のあり方が含まれてくる。

　すなわち，「食文化」を考えるにあたり，人びとの食べ物の底流にある価値体系や観念とは何かを考えることが必要になる。日常茶飯事ともみえる「食」ではあるが，歴史的な背景があり，文化そのものに内包されている。それゆえ，食文化を再発見しつつ，食文化と密接に関係する人びとの食文化の価値を考察することが重要となる。

2) 食事文化

　「食事文化」という表現があるが，その対象は調理方法，食事の方法，食事にかかわる立居振舞い・作法，さらに食に対する人びとの価値観などを中心にして文化を考える。つまり，台所と食卓を中心にすえて「食文化」を考えると，食事文化となる。そのような狭い考え方の食文化ではなく，食文化の構成要因を表1-3のように3つの群に大別し，それをさらに9つの要因に細分化して考えることが必要となる。

5. 食事方法と食文化

　食文化自体はそれぞれの地域の気候・風土に適した形で確立され，また他の地域からの影響を受けながら，それぞれの地域に独自なものが形成され，伝承されてきた。世界的に食文化を考えると，食べ物を口へ運ぶ方法には大きく分けて手，箸，さらにフォーク・スプーン・ナイフという3つの食事方法がある。古くから中国の影響を受けてきた日本では匙（さじ）を使わず，箸のみを食具として用いる独自の食事様式を確立した。

(1) 手食対フォーク食の特性

1) 手食の特性

　2011年10月現在，世界人口は約70億人となり，その約3割の人びとが箸で，4割が手で，残り3割がナイフ・フォーク・スプーン（以下，フォーク食と

表1-4　飲食器具の種類

種類	器具
食器	椀，飯椀，皿，深皿，浅皿，鉢，湯呑み，コップ，盃，徳利など
食具	箸，指，匙，スプーン，フォーク，ナイフなど
調味容器	しょう油，ソース，塩，酢，砂糖，スパイス等の容器など
清浄用具	箸置き，盃洗，フィンガーボール，テーブルクロス，ナプキン

出所）山内昶『食具』法政大学出版局，2000年，10頁を参照。

表1-5　世界三大食作法

食法	機能	特徴	地域	人口
手食文化圏	まぜる つかむ つまむ 運ぶ	回教圏・ヒンズー教 人類文化の根源	東南アジア 中近東 アフリカ オセアニア	40%
箸食文化圏	まぜる はさむ 運ぶ	中国文明の中で火食から発生，中国，朝鮮では箸と匙がセット，日本は箸だけ	日本・中国 韓国・北朝鮮・台湾 その他	30%
フォーク食文化圏	切る 刺す すくう 運ぶ	17世紀のフランス宮廷料理の中で確立 パンだけは手で食べる	ヨーロッパ ロシア 北アメリカ 南アメリカ	30%

出所）岡田哲『食の文化を知る事典』東京堂出版，1998年，46頁を参照。

いう）で食事をしているという。道具を使う以前はすべての人間は手で食べていた。人間は歴史的に手を使って食事をしてきた。手食の習慣には食べ物は神から与えられた神聖なものであり，聖なる手である右手のみを使用する。左手は一般にトイレの際などに使われる。手食の場合，清浄を重視するので，食事の前後には手を洗う。このように手食は宗教的な要因に加えて，手を使うことで食べ物の手ざわりや温度差という触覚をもって食事が楽しめる。

2）フォーク食の特性

　フォーク食は手食や箸よりも遅れて登場した食事様式で，金属自体を製造する技術が開発されて以後である。フォーク食はヨーロッパ・南北アメリカ・ロ

シアなどで一般に見られる。しかし，多くの手食の地域の人びとでも，フォーク食をしている。また，現代日本人は食具として，フォーク・スプーンなども使用する。一方，近年，日本料理や中華料理が世界的な普及により，欧米諸国でも，箸を使える人びとが増え，増加傾向となっている。たしかに食具を地理的には明確に区分できず，混合形態となっている。

(2) 箸の特性対タブーな箸の扱い
1) 箸の語源
「はし」は「食と口と橋」，一方と他方という2つの空間をつなぐ橋渡しの役目を持つ道具といえる。はしには，端と端をつなぐ「橋」，高いところと地上をつなげる「はしご」，さらに，鳥の嘴（くちばし）に由来する。竹を長短同じ長さに切って用いた「筯・筷・筴・篋」の字はいずれも「はし」と読み，それらは竹冠である。それゆえ，それらは食事中に食物を移動させる際に使用する「箸」と関連する。

食事以外で箸を使う日本人の習慣には，たとえば，火鉢の炭を取り扱う時の金属製の箸を火箸（ひばし）という。また日本で火葬された遺骨を骨壺に移す時に骨箸（こつばし）という箸を使う。後者はそれぞれ長さが異なる竹と木でできた特別なものであり，参列者同士で遺骨を箸から箸へ受け渡すという儀式である。

2) 箸の特性
手食の次に存在するようになったのは，箸食ではなかろうか。現在，日本，中国，台湾，シンガポール，ベトナム，タイ，ラオス，カンボジア，モンゴル，韓国，北朝鮮などの国・地域で箸が使われている。中国と朝鮮半島では匙を主に使う匙主で，箸従型となっている。日本人は主に箸を使って食事をする。また日本では箸を澄まし汁や味噌汁といったスープを飲む際にも使用し，その場合，茶碗を手に持って箸で口へと注ぎ入れる。

箸は，本来，東アジア地域を中心に広く食事に用いられてきた道具・食具である。とくに，食事の道具立ての内，容器でない道具を食具と称する。2本一

対になった棒状のものを片手で持ち，主に食べ物を挟み，別の皿や口へ運ぶために用いる。材質には各種の木・竹・金属・プラスチック・象牙等がある。それらは口中を傷つけないように表面を丁寧に削られており，また，漆・合成樹脂などで作られている場合が多い。

3) 割り箸の特徴

箸の形態の内でも，典型的なものに割り箸がある。割り箸は膳の上で割ると器にかかってこぼしたり，木くずが落ちたりする場合があり，基本的に自分の膝の上で割る。また，割り方は周囲のことも考え，左右ではなく，上下に割る。その後，いったん箸を置き，改めて，「いただきます」と感謝し，それから食事をはじめる。

この割り箸の名称は，徳川時代の貨幣名からついたものが多い。これらの名称は吉野杉の割り箸の生産とも関係し，全国的に統一化された名称となった。その割り箸の名称として，「丁六，小判，元禄，利休，天削（てんそげ）」がある。

① 丁六は一般大衆用の割り箸であり，割り箸の頭部が長方形で，角をとったり，割れ目に溝などがない加工度が低いもののため，庶民的な親しみやすい箸ともいえる。この名前は徳川時代，銀座で鋳造された秤量銀貨「丁銀」に由来する。丁六とは丁銀六十匁が省略されたものである。

② 小判は中級品で割り箸の角の部分を削り，使いやすく滑らかにしたものをいう。今日，割り箸の4つの角をとった割れ目が入ったものはほとんど小判という名称で呼ばれている。丁六と元禄の中間に位置するような

表1-6　割り箸の特性

特性	概　要
割裂性	最初に竹の割裂性を利用し，その後，他の材料に対しては溝をつけて割れるようにした。
清潔性	割っていない箸は使われていなく，他人が使っていなく，衛生的である。
機能性	すぐ出せば使えるので，飲食店では便利性と機能性が高く評価される。
鑑賞性	日本人の好みの樹木の美しい木目，素材の良さを活かし鑑賞性も高い。
1回性	新しい木地の箸こそが最高のご馳走でもあり，贅沢な気持ちにさせる。

出所）本田聰一郎『箸の本』柴田書店，1978年，133～137頁を参照作成。

形状をしている。小判は大衆食堂，日本そば屋，中華料理店などで一般に使われている。
③ 元禄は元禄小判からであり，中級品である。元禄は割り箸の4つの角を削り，滑らかにし，割れ目に中溝があり，割れやすくしてある。箸の先の断面を見ると，八角形が2つ並んでいるように見える。
④ 利久箸は茶道の千利休（1522〜1591年）が考案した高級品である。それは中央がやや太めで，両端を細く削って面を取った赤杉製の箸をいう。同じ形状ではじめから割ってあるものは卵中（らんちゅう）と呼ぶ。
⑤ 天削は最高級品であり，割り箸の頭部が斜めにそぎ落とされたもので，箸の持ち手側の先の片側を鋭角にカットした形状になっている。これは箸の王様として高級料理店で使われることが多い。

このような割り箸自体の特徴は，次のような面にある。

割り箸は，使い捨ての象徴としてしばしば批判の対象とされてきた。国内産の割り箸においては間伐材や木材加工時における捨てられるゴミ（廃材・残材・余材等木材として利用価値のないもの）から割り箸や爪楊枝として再生加工している。その多くは，販売益を植林に活用しているので，国内産の割り箸を使う分には森林破壊への影響は批判の対象とはならない。また，生育の早い竹の利用を進めるなども評価できる。

しかし，熱帯雨林が破壊されるという観点からの割り箸の使い捨てが批判にされている。また，どの国で作られた割り箸であろうと，一度きりの使用で焼却し，CO_2が排出される。乱伐や使用後の箸の焼却によるCO_2の排出などの環境問題が発生している。中国では，日本への輸出向けの割り箸製造が増え，また，さらに，中国国内でも消費量が増えており，伐採が進み，環境問題が発生してきているといえよう。

4) タブーな箸の扱い

日本人は箸を主に使い食事をするためか，日本の食文化には長い歴史と伝統の中から生み出されたタブーとなる箸の扱い方が存在する。タブー視されている箸の扱い方は，表1-7のようになっている。箸の扱い方は，基本的に下を

表1-7　タブーな箸の扱い方

種類	仕方
刺し箸	里芋や，お豆などをフォークのように食べ物を箸で突き刺して食べる行為をいう。
よせ箸	遠くにある器をお箸で引き寄せる。器やテーブルにも傷をつけてしまう可能性もある。
渡し箸	食事中に手を休める時や，食後など器の上に箸を渡して置くこと。箸置きがない時は，箸袋を作って置く。
さぐり箸	汁物などをかき混ぜて中身を箸で探り入れる行為，自分の好きなものを探したりしない。
涙箸	お箸から汁気をたらす。吸い物の具を食べるときや，刺身を醤油につけて食べるときなど気を付ける。
回し箸	お椀の中でお味噌汁などをお箸でかき回すのもマナー違反である。
仏箸	ご飯にお箸を突き刺すのは，仏様に出す行為でしてはいけない。
まよい箸	同じ器の中の具をあれこれと箸で，どれをとろうかと迷う行為をいう。
もぎ箸	箸先についたご飯粒を口でこそげたり，なめたりする。
食え箸	汁椀などを受け取る際，膳の上に置かず箸先を口にくわえる。
叩き箸	飯の代わりを請求する際，食器を箸で叩く。

出所）本田聰一郎『箸の本』柴田書店，1978年，221〜224頁を参照作成。

固定し，上だけを動かすことにある。2本の箸を同時に動かすのではなく，下は固定し，もっぱら上を動かしてものをつまむのである。箸先は汚さずに食べること，食器と箸は同時に持たず，必ず箸をとってから食器をとる方が良い。なお，茶碗の蓋は先にとる。食事の途中に箸を休めるには箸置きか，膳の右側に置くようにした方が良い。

　最近，日本人ながら箸を使いこなせないという子供や若者が増えている。食事自体は箸の持ち方などにこだわっていては楽しい食事はできない。しかし，それでは日本人として情けない。なぜならば，最近，海外や国内にいても，外国人に，いつ，どこで箸のマナーや箸の持ち方，使い方を求められるかもしれない。日本人として箸を使えないということをいえないようでは，悲しいことである。日本人は日本の食文化を後世に伝えて行くためにも，正しい箸のマナーや使い方を学習するべきであろう。

表1-8 調味の五味

五味	調味
甘味	砂糖（さ），蜂蜜，酒，みりん
塩味	塩（し），醤油（せ），味噌（そ）
酸味	食酢（す），梅酢
辛味	唐辛子，生薑（せいきょう），山椒，わさび
苦味	苦汁，蕗のとう，苦菜，黄瓜菜

6. 食生活と日本料理

(1) 日本の調理法

われわれは日本文化から形成されてきた調理法や食事様式あるいは儀式の食作法・儀礼などを含めたものを食文化と考える。日本料理は基本的に食材の良さを活かすため，いかに手を加えずに調理するかが前提となっている。日本の四季の移り変わり，その季節だけに採れる食材，旬のものを調理する精神や技法が発達してきた。欧米や中国料理などの料理方法は素材の旬よりも，素材を加工することに関心がある。日本料理は日本文化を背景として形成されてきたが，世界三大料理に決して劣るものではない。日本料理は歴史的には，神や仏への供物に由来するといえよう。

本来，料理とは，食品や食材，調味料などを組み合わせて加工を行うことであり，またそれを行ったものの総称といえる。日本には，正月や諸節句の時にお祝いする食事としての食文化をはじめ，各地で採れる食材を使って培われてきたその地方独特の食事としての食文化がある。

加工には加熱，発酵，冷却，さらに，かきまぜる撹拌（かくはん）などさまざまな方法がある。この加工の過程を「調理」というが，加工と調理とは区別されず「料理する」と称していることもある。加工のうち，とくに，加熱されたものを「料理」とし，されていないものを対照的に「生」（なま）と呼ぶ場合もある。

このように料理は，本来，野菜類，魚介類，肉類などの食材を利用し，また

各種の香辛料を加えて，さらに煮る，焼く，蒸すなどの人工的な調理を施すことで，でき上がる。

表 1-9　五味の食材

五　味	食　材
辛　味	しょうが，唐辛子，ニラ，ニンニク，セリなど
酸　味	杏，レモン，柚子，梅，トマト，鯖など
苦　味	セロリ，カブ，ウド，牛蒡など
甘　味	ソラマメ，さつま芋，里芋など
鹹　味（かんみ）塩　味	昆布，海苔，醤油，イカ，カニなど

出所）豊田謙二『九州・沖縄食文化の十字路』築地書館，2009 年，22 頁を参照作成。

(2) 調理の五味・五色対五法

1) 調理の五味・五色

　中国の古い陰陽五行説の考え方を背景として日本料理の定式は，五味・五色・五法から構成されている。五味とは，人間の五感の味覚であるが，表 1-9 のように「辛・酸・苦・甘・鹹」という 5 つの味覚をいう。五味の食べ物は体内の循環を促す効能があるといえる。

　日本酒は一般に甘口と辛口に大きく二分されるが，実際には五味の味があるといわれる。酒を好きな人は利き酒の五味の味を極めてこそ本物といえる。利き酒の方法は，甘味は舌の先，酸味と塩味は舌の左右，苦味は舌のつけ根部分で味わうことで識別できる。さらに，辛味はワサビが鼻に利く要領で，嗅覚でもって利き分けることができる。

　日本料理で素材の持ち味を生かして料理を仕上げる調味料は，「さしすせそ」で表されている。「さ」は砂糖で，それと同じものとして酒・みりんをいう。また，「し」は塩，「す」は酢，「せ」はしょうゆ（せうゆ），「そ」は味噌である。さらに，日本料理は，目で味わう料理ともいわれ，色彩には，「赤・青・黄・白・黒」の五色で視覚に訴えることができる。

2) 調理の五法

日本料理には「生・焼・煮・蒸・揚」という調理の五法の定式がある。
① 生：加熱しない刺身，新鮮な野菜の提供をいう。
② 焼く：串に刺したり，網の上に置いて直接に熱源に当てて焼く直火焼きとフライパンや鉄板で焼く，またホイルに包んで焼くなどの方法があり，炒めることとの区別は難しい。
③ 煮る・茹でる・炊く：容器に多量の水を入れ，素材を調味した液体の中で加熱する。
④ 蒸す：食品を直接に火にかけず，容器に入れてその内部の高温の空気や水蒸気で加熱することをいう。
⑤ 揚げる・炒める：容器に多量の油を入れ，高温に熱した油の中に食品を浸して加熱して火を通すことをいう。また炒めるは，フライパン，中華鍋に，油と素材を入れて加熱調理することをいう。

これらを取り合わせ，見た目にも美しく，美味しい料理となるように献立を考えられたのが日本料理である。

日本料理の目指すところは，「静」と「動」，「円」と「角」，「甘」と「辛」といった二面的な視・香・味覚で追求するものが多い。さらに品性という盛りつけが加わり，日本料理を芸術品にまで到達させている。お客の満足度を高めるためにも，最適な食材を選び，一品一品の料理を美しく，かつ全体的なバランス，色合いを考え，さらに料理を提供するタイミングの適宜さという総合的なおもてなしが望まれるところである。

7. 日本の食料自給率と食育の必要性
(1) 食習慣の変化

日本人の食生活は，長年，正座して膳に向かう形式を守ってきたが，近年，台所のテーブルへと移ったことで正座の足が自由になったのと同様に食卓の規範も緩んでしまっている。食卓のお膳からの解放によるテーブルを食卓とし，椅子に腰掛け，さらに，そのテーブル・椅子からも離れた。たとえば，街での

立ち食い，歩きながら食べ，さらに，路上に腰掛けて飲み食いをするような情景はすっかり日常化してしまった。日本の家庭内においても「一家団らん」の共食を楽しむことも少なくなった。家庭の食事の形態は近年，表1-10のように①孤食，②個食，③ながら食などの特殊性が見られる。

表1-10 家庭の特殊な食事形態

形態	概　　要
孤　食	効率や省力，時間的な理由で家族の一人ひとりが，別々の時間にバラバラに食事する形式で，孤独感のある「寂しい食事」をいう。
個　食	個人の好みにより，食事の内容・中身自体が家族内でバラバラなことをいう。塾通いやお稽古事などで子供の帰宅が遅くなり，また，残業や共働きなどで家族との生活サイクルが異なることで個食が多くなった。
ながら食	父親がテレビを見ながら，子供がゲームをしながら，若者が歩きながら，別々に別々の食事をすることをいう。

出所）岡田哲『食の文化を知る事典』東京堂出版，1998年，257頁を参照作成。

　とくに，食事の中身においても，日本人家庭の朝食の定番は本来，ご飯と味噌汁であった。しかし近年，トーストとコーヒーが一般化している。そのため，ご飯に味噌汁という日本の伝統的な食事が非日常体験となる人びとが多くなり，反面，そのような食事が希少価値を高めている。

　このように日本人の現代生活においては家族一人ひとりが異なる時間にバラバラに食事をするようになっている。そのため，厳格な食事作法などは軽視されるような状況である。また，家族全員による団らんの場や時間がなくなり，食事中における会話が全くない生活状態が一般化している。それゆえ，人間性・社会性から考えると，現代日本人の食生活には多くの問題が含まれており，とくに，食育の必要性を強く感じる。

表1-11　食料自給率の計算方法

①供給熱量（カロリー）ベース総合食料自給率	日本に供給されている食料のカロリーの内，国産でまかなわれているカロリー $\dfrac{国民1人1日あたり国産供給熱量（kcal）}{国民1人1日あたり総供給熱量（kcal）} \times 100$
②生産額ベース総合食料自給率	食料の経済的価値，国産食料の国内シェアを見る指標 $\dfrac{国内生産額（円）}{国内消費仕向額（円）} \times 100$
③品目別自給率 重量ベース	各品目ごとの自給の度合いを量・重さにて把握できる $\dfrac{国内生産量（t）}{国内消費仕向量（t）} \times 100$

出所）末松広行『食料自給率のなぜ』扶桑社，2008年，17頁を参照。

(2) 日本の食料自給率における供給熱量ベース対生産額ベース

　現代の日本人は飽食の時代を謳歌しており，日本の食料事情は外国依存度が高いにもかかわらず，日本人の多くは危機意識に乏しいといえよう。日本の食料の安全確保を考えるにあたり，食料自給率（rare of food self-sufficiency）の向上がある。自給率とは，コメを例にすれば，国内で流通しているコメに占める国産米の比率，つまり，総供給に占める国産の比率を表す。食料自給率は日本人が食べている食料の内，国産でどの程度がまかなわれているかを指標化したものである。

　日本の食料自給率は，表1-11のように供給熱量（カロリー）ベースおよび生産額ベースに基づく総合食料自給率と品目別自給率で表される。農林水産省の食料自給率に基づけば，1965年，供給熱量（カロリー）ベースで73％であったが，2011年現在，供給熱量（カロリー）ベース39％と低下し，また，生産額ベースでは69％となっている。1960年代の食料自給率は70％を超えていたのに，なぜに供給熱量（カロリー）ベースの数字が低くなったのか。その理由は，輸入飼料で飼育された畜産物が自給率に反映されているからである。飼料の内，4分3が輸入飼料であっても，国産としての肉類の消費の内，自給率に算入されているのは4分の1だけである。カロリーの低い野菜や果物は品目別

に自給率が高くとも，自給率全体に占める比率は低くなる．

　生産額ベースの自給率は国の農業の経済力を表し，付加価値の高い作物を国内で生産すれば，自給率は高くなる．このように自給率自体は基準値が異なれば，その数値が異なることを理解するべきであろう．

　日本の食料自給率は先進国の中でも最低水準である．日本の自給率の低下には，自給可能な米の消費自体が減少し，国内生産が困難な飼料穀物であるとうもろこしや油料原料を使う畜産物や油脂類の消費量が増加したことにある．このように食料自給率が低いことは，現在，日本人の所得は高いが，自前で食物を生産していないという，食料事情の脆弱さを日本は持っている．今後，世界人口がますます増加することを考えると，乏しい日本の食事情から日本はより高い価格で食料を輸入せざるを得なくなる可能性が高い．現在，日本人は豊かな食生活を謳歌しているとはいえ，いつ崩れ去るかという危険性をはらんでいることを認識せねばならない．

(2) ファースト・フード対スロー・フード，ロハス
1) ファースト・フード

　ファースト・フード（fast food）とは短い時間で作れ，また，短時間で食べられる手軽な食品・食事をいう．ファースト・フードは家庭料理をイメージするというよりも，外食産業が想定できる．たしかに，世の中みんな忙しく，外で食べれば，家で料理する手間と時間が省かれるので，現代人の食事は簡便化を志向するようになった．ファースト・フード店やファミリー・レストランなどで外食する機会が増え，家庭の台所や食卓の役割を外部に依存するようになった．自分の限られた時間を有効に使いたいと，毎日のルーティン・ワークをいかに簡便化・合理化するかを考える．とくに，ファースト・フードは健康よりも美味しさを最優先し，訴求しており，そのために高カロリー，高脂肪，栄養素の偏りがある場合が多い．現代人は手早く食べられるために「摂取過多」な食生活となり，健康を阻害することになる．

2）スロー・フード

　スロー・フード（slow food）はゆっくりと手間ひまをかけて調理するという「遅い食べ物」と考えられがちである。しかし，スロー・フードの考え方は長い時間をかけて料理したり，単に食事時間を長くすることだけを意味するものではない。基本は，その土地の伝統的な食文化や食材を見直し，食の喜びを取り戻そうという運動であり，またその食品自体を意味している。それゆえ，ファースト・フードと対立概念でとらえるべきでない。

　とくに，スロー・フード運動は地元に獲れた魚や海藻をはじめ，地元で栽培された無農薬野菜や穀物を利用して手作り料理で食べようと，素材にこだわりを持つ運動である。

　家庭で料理する場合の時間消費は，一般に，まず「買い物」，次に「調理，盛りつけ」，食べ終わった後に，さらに「後片つけ」が必要になる。スロー・フードでは，「買い物」以前に作つけ状況の把握を含め，多くの時間を費やす。とくに，地元で作られた人の顔が見える関係を大切にし，食の安全・安心を最優先するものである。日頃食している食物は誰がどのように作ったか。その食材の味覚をじっくりと味わい，その土地で育ったものを食する生活が最善であるという考え方である。旬の食材を使用し，添加物を使わず，伝統的な保存食品を作ることにもなる。地元の土地・食材・人間が三位一体の関係となり，地産地消をもって地域の食文化を考えることである。

3）ロハス

　ロハス（Lifestyles Of Health And Sustainability；LOHAS）とは，健康と持続可能な環境を志向するライフ・スタイルをいう。ロハスは本来，健康や環境問題に関心の高い人びとのライフ・スタイルを営利活動に結び付けるためのマーケティング用語であった。一般に，ロハスには健康や癒し，環境やエコに関連した商品やサービスなどが包括されている。食に関しては心身ともに健康的で，環境的にも優しいことをテーマに大地の恵みを活用し，無農薬野菜や穀物といった自然食品を地域の食づくりに反映させる考え方が含まれよう。

(3) 食育の必要性

　日本は近年，豊かさを謳歌し，大変，食生活は変化した。しかし，健全な人間を育てるには，食に関する知識と食を選択する力を習得し，健全な食生活を実践できることが強く求められている。図1-1のように食育の機会は家庭，地域共同体，学校，さらに，情報社会，国・地方自治体に区分できる。人間の食べ物の好みは，文字に依存しない乳幼児からの学習の結果であって特定の食環境の中で時間をかけて育成されたものである。

　したがって，次世代を担う若者らは食に関する信頼できる情報に基づき適切な判断力を培う食育が必要不可欠である。食育という言葉は石塚左玄『化学的食養長寿論』（俗称：食物養生法，明治29年刊行）において「体育智育才育は即ち食育なり」に由来する。良い食べ物を食しないと良い人間になれないという視点からであった。つまり，食育は子供に食べさせる食品の影響を考え，子どもの心身を培うという意味で使用された。

　しかし，食育基本法（法律第3号，平成17年7月施行）では生きるための基本的な知識であり，知識の教育，道徳教育，体育教育の基礎となるべきもの，と位置づけている。日本人は食せること，食することに理由を知り，食し方を楽しむことが大切である。それは単なる料理教育ではなく，食に関する心構えや栄養学，伝統的な食文化，第一次産業から食ができるまでについて学習するという総合教育である。たとえば，現代人の食生活は栄養の偏り，不規則な食事，肥満や生活習慣病の増加，過度の痩身志向などの問題に加え，食の安全性，食の海外依存性など多種多様な諸問題が露呈しており，自ら食のあり方を習得しておくことが求められている。

　食育基本法は食にかかわる人間形成や豊かな人間形成（知育・徳育・体育の基礎）を理念としている。この活動は国，地方公共団体および国民の食育の推進に関する総合的，かつ計画的な取り組みでなければならない。それは現在および将来にわたっても引き継がれ，健康で文化的な国民の生活と豊かで活力ある社会の実現に寄与させねばならない。このように食べる姿勢を正すことを意味する食育は，人びとの一生の全過程で，つまり，乳幼児の食育から高齢者の

食育まである必修の課題であるといえよう。

食育は人類が誕生して以来，家庭・地域社会が主体的に伝承してきた長い歴史がある。食育自体は，乳幼児からの徹底した教育指導が必要である。子どもは誕生した当初から乳を飲み始めるが，すでにその時から文字によらない食育が始まっている。しかし，現代日本では，年中行事・祭などを通じた地域コミュニティーも希薄化し，また，核家族化が進み，代々親から伝承されるという直接，教わるべき家庭のしつけの機会がなく，食育自体が崩壊している。

たしかに，現代の健康の基本は食育にあると考える。図1-1のように食育する主体は多様に存在する。現代社会では，マスメディア，コンピュータなどの情報社会が浸透し，その影響力が大きいため，家庭のしつけをはじめ，各主体の食育は影をひそめている。そのため，各家庭では学校教育における食育に過大に依存しがちである。しかし，本質的に，家庭における子どもの食育が起点であることは否定できない。人間生活における食育は日頃からの家庭のしつけが基本である。その学習があってはじめて，学校教育などにおける指導が生きてくる。

図1-1　子どもの食育の機会

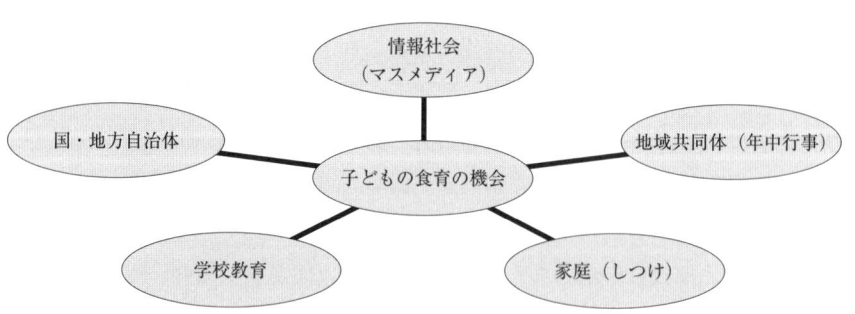

国，地方自治体，さらに，学校教育といった主体，とくに，子どもの食育は学校依存型だけでは食育を浸透させることはできないと考える。乳幼児からの食育は，まず親・家族が主軸となり，日頃から毎日繰り返し，しつけを徹底す

るべきものである。そのような充実した家庭環境ができていれば，日本文化から育まれた食文化の素晴らしさ・価値が学校教育でも指導されるならば，比較的容易に習得できる。食育は一方的な学校教育まかせではなく，各家庭が基軸となり，適格なしつけの指導がなされるべきである。そのような素地・ベースがあれば，日本人として豊かな人間形成となる食育の理念は国民に広く浸透させることが可能になるであろう。

【参考文献】

石川寛子・芳賀登監修『食文化の領域と展開』雄山閣出版，1998年。
石毛直道監修『食の文化第5巻　食の情報化』農山漁村文化協会，1999年。
石毛直道監修『食べ物と文化』講談社，2010年。
市川安夫『わかりやすい日本料理のサービスマナー』柴田書店，1996年。
梅棹忠夫『梅棹忠夫著作集　第17巻』中央公論社，1992年。
大塚力『日本食生活文化史』新樹社，1982年。
岡田哲『食の文化を知る事典』東京堂出版，1998年。
木村尚三郎監訳『食の料理の世界史』学生社，1984年。
末松広行『食料自給率のなぜ』扶桑社，2008年。
徳久球雄『食文化の地理学』学文社，1995年。
豊田謙二『九州・沖縄食文化の十字路』築地書館，2009年。
日本観光協会編『新時代の観光戦略』日本観光協会，1994年。
日本観光協会編『テーブルマナーの本　日本料理』柴田書店，1998年。
本田聰一郎『箸の本』柴田書店，1978年。
水野弘元・柴田道賢編『宗教学ハンドブック』世界書院，1969年。
宮原一武『文明の構造と諸問題』近代文芸社，1998年。
山内昶『食具』法政大学出版局，2000年。
渡邊實『日本食生活史』吉川弘文館，1964年。
http://ja.wikipedia.org/wiki%E7%9F%B3%E3%A1%9A%E5%B7%A6%E7%8E%84 を参照。
http://www.maff.go.jp/j/zyukyu/fbs/index.html を参照。

第2章
食生活の変貌と地域の食材

1. 日本人の食生活の向上
(1) 戦後対現代の食生活
1) 戦後の食料難

表2-1のように戦後の食料難の時期には，国民は人参や大根や甘藷（かんしょ）の葉はもちろん，野草まで食料としてきた。終戦後，米穀の配給が遅配となったために，人びとは食料を求めて農家に殺到した。当時は甘藷といえども統制食品であり，買い出しが重要な仕事となった。このような戦後の食料難の時代には，都会では米飯を「銀めし」と称し，貴重品で，高価なものであり，当時，闇市などで販売されていた。その後，食料増産政策が推進され，日本人の食生活の改善が著しく向上した。

表2-1 戦後対高度経済成長期以降における食生活の変化

①ごはん食対パン食，パスタ食	②魚・豆対肉・乳製品
③おひたし対サラダ	④漬物対ふりかけ
⑤高でんぷん食対高脂肪食	⑥手づくり食対加工食・でき合い食
⑦家庭食・内食対外食・中食	⑧1日3食対2食＋間食
⑨週末グルメ対毎夕グルメ	⑩生きるため対楽しむため・健康食
⑪食べ方工夫食対選択食	⑫自給食対輸入食

出所）石川寛子・江原絢子『近現代の食文化』弘学出版，2002年，174頁を参照作成。

2) 現代の食生活

一方，1960年代からわが国では，高度経済成長政策によって，国内の第二

次産業が急速に成長し，それに伴って国民の所得も増加し，その食生活の内容も以前と比較にならない程に改善された。従来，日本人は体格が小さく，早老短命で持久力に乏しく，もっぱら「栄養に気をつけて」生理的欲求を満たしていた。このような状況から高度経済成長期を経過して国民の食生活は急速に変化し，日本人の健康状況は大幅に改善された。日本人の外来の食文化受容の姿勢は，とくに欧米志向による西洋風の食文化を積極的に受け入れたのであった。それはあくまでも洋風化であり，洋そのものではなく，欧米，つまり欧米の模倣がなされた。洋定食が日本風に食べられるように工夫が施されたのであった。

今日，日本人の多くは和食ばかりでなく，和洋折衷を織り交ぜた国際色豊かな食文化を謳歌できるようになった。とくに日本人の食生活は，次のような変化が生じたのであった。

① 児童・生徒の体格が良くなり，身長・体重ともに西洋人と遜色なくなった。
② 国民の平均寿命が延びた。当然に医療技術の進歩とも関連するが，国民の栄養改善の効果があり，もはや栄養過多な情況となった。
③ 糖尿病，歯の疾病，高血圧，癌などの成人病が増加し，またストレスが蓄積しやすい環境条件へと変わった。

戦後，日本人の食べ物や食生活を考えると，人間の生命を維持するという必須条件として最低限の食事をいかに高めるべきかを考えていた。しかし今日のそれは，日常生活と乖離した非常に高価な「遊び」となり，栄養的には「一億総グルメ」の極限ともいうべき満腹状態に達している。多くの人びとが飲食を謳歌する時代となっている。日本人の食生活は，洋風の味覚が主流となりつつあり，戦前，戦後とは明らかに変化してしまった。現代社会のグローバリズムの中で，それぞれの食文化は均一化の方向へ向かっている。ファースト・フード店が，世界各国の地方都市までも進出しており，インスタント食品やスナック菓子などがどこでも調達できるようになった。それゆえ，他方では自国・自地域の郷土料理を見直し，地産地消，スロー・フード運動が起きている。

(2) 日本の食生活の特性

　日本の食文化には，日本独自の歴史と環境から生みだされた特徴がある。たとえば，片刃の包丁という日本独特の道具に代表されるような「日本料理の技術」，目で食べさせるといわれる「盛りつけと和食器の繊細な美しさ」と「おもてなしの心」がある。また，旨みに代表される「日本人の嗜好」や素材の味わいとそれをひきたてる熟成された「発酵調味料」，豊かな海と地味から生み出される「独自の食材」など，そこには他の国の食文化とは異なる日本の食文化独特の領域がある。

　さらに，日本食は食事作法と食を中心とするおもてなしの気配がある。作法には箸の使い方や食べる順序，器の使い方など古来から伝えられてきた美しい振舞いがある。お客を迎える部屋や食卓など室礼（しつらい）がおもてなしの大切なポイントとなっている。

　いま世界で日本食が注目され，日本食レストランが急増している。日本の食文化が海外で高く評価されている理由は，日本食に対する「健康」，「長寿」というイメージが大きく影響している。しかし日本人自身が日本の食文化を正しく理解することが大切である。

表2-2　食品・調理の外部化の功罪

功罪	概　要
利点	①大量生産による値段の標準化，比較的に廉価販売の実現を可能 ②最適な食材を使用し，美味しさの均質化・統一化が可能 ③調理技術や器具の新たな開発・創造を可能
欠点	①製造・加工工程のブラック・ボックス化による安全性の不安 ②流通・保管過程における衛生面の不安 ③消費者の栄養面の偏り，健康上の不安 ④各家庭の独自の味，個性的な味が喪失 ⑤家庭の食習慣に基づく良き生活文化の崩壊

出所）岡田哲『食の文化を知る事典』東京堂出版，1998年，252頁を参照。

2. 現代人のライフ・スタイルと食文化の変貌
(1) 現代人のライフ・スタイル
　現代の日本人の食生活においては，外食産業をはじめ，弁当，おかずなどをコンビニエンス・ストアなどで容易に購入し，自宅や職場にて食事をする中食産業を成立させている。日本人のライフ・スタイルが大幅に変貌し，とくに，食生活へ著しい影響を与えるようになった。それには次のような要因が考えられる。
　① 女性の社会進出とその定着が進んだ。
　② 核家族や単身世帯が増加した。
　③ 少子高齢化が進展した。
　④ 情報化の進展と人間のモビリティが増大した。

(2) 食事の内食対中食，外食
　日本人にとって，従来，外で食事をすることは非日常的なハレの行事と考えられていた。しかし，昨今の日本人にとっては，ライフ・スタイルが変貌し，人びとの食事の仕方がどこで調理し，どこの場所で食するかにより，次のように3つの形態に分けられる。
1) 内食 (home meal)
　内食（ないしょく）は，内証で食事をすることではなく，家庭で素材から調理し，家庭で食べる家庭内食・家計内食の食事を一般にいう。しかしながら，主婦が家庭で作った弁当を，その夫が正午に会社内で食する場合や，主婦が隣家の台所で調理した料理を持ち帰り，自宅で家族と食べるケースも内食に含まれよう。
2) 中食 (take out)
　中食（なかしょく，ちゅうしょくともいう）は，間食ではなく，外で調理したものを家庭で食べるテイク・アウトの食事をいう。それは内食と外食の中間的な形態であり，持ち帰り弁当，出前，でき合いの食品などを利用する場合をいう。中食を提供する産業としては，惣菜製造業，仕出し弁当製造業，小売店で

販売する弁当・惣菜製造業，ピザ宅配業，持ち帰り弁当店，持ち帰り寿司店などがある。

3) 外食 (eat out)

　外食は，外で調理したものを外で食べる家庭外食・家計外食の食事をいう。調理と食事は原則として家庭外において行われる。人びとはファースト・フード，ファミリー・レストラン，さらに高級レストランなどの外部で，イート・イン (eat in) する食事である。

　日本の都市の外食化は，一般に寿司屋，天ぷら屋をはじめ，しゃぶしゃぶ，すき焼き，うなぎ，そばやうどんなどの麺類というように，それぞれ専門の店舗が営業している。外食産業ではファミリー・レストランのチェーン店では通常，和食・洋食・中華と多様な商品を扱っている。またラーメン店は，中華風の麺と醤油・味噌・塩などで風味をつけたつゆに，チャーシュー，モヤシ，ニラなどさまざまな野菜類を加え，多様な種類がある。一方，焼肉店は韓国風バーベキューをベースにしたもので，お客はテーブルにしつらえた炭火またはガスの上で，一口サイズの牛肉，豚肉などや野菜を焼いて食べる。これ以外に日本では，フランス料理・イタリア料理・インド料理・中華料理・韓国料理・エスニック料理などの外食産業が多数立地し，世界中の料理を楽しむことができる。

　生活のゆとりが増したことにより，現代日本人は外食，中食，内食を使い分け，巧みに食の豊かさや質の高い生活を謳歌している。とくに外食・中食の機会はハレというよりも，むしろケの存在となり，日常茶飯事化してきている。外で食べれば，内食のために家で料理をつくる手間と時間が省ける。しかし，費用や栄養などを考えずに，食生活を簡便化さえできれば，三食すべて外食にすれば良いというものでもない。

　今日，既製食品・調理の普及化にはどのような功罪があるであろうか。表2-1のように，その功罪に関する利点は大量生産への調理技術や器具が考案され，古から伝承されてきた伝統料理とは異なり，新たな調理方法が開発・創造できることがある。

他方，欠点としては製造・流通・保管・加工する段階のブラック・ボックス化による安全・安心といった衛生面の不安がある。また，業者自体が美味しさ・売り上げを優先するあまり，栄養面からのバランス，健康上の不安が生じる。さらに，人びとの料理づくりへの意欲を減退し，家庭の味の個性化が喪失するという重大な問題が起きている。

3. 現代生活における特産の料理と不満
(1) 特産の料理の諸形態
　本来，郷土料理とは，地域固有の自然風土・食材・食習慣・文化を背景にし，地域の人びとの生活の中で創意工夫され，必然的に生成・伝承されてきた生活文化の料理である。それは，その土地で培われた伝統的な料理法で調理された地元の自慢の味といえよう。基本的に，郷土料理はある特定の地域で獲れる特産物を用いて，その地域の生活環境を反映して形成された過程があるか否かで区分できる。表2-3のように各都道府県には，多くの有名な特産といえる郷土料理が存在する。

1）地域固有の食材
　その地域固有で限定された食材を使い，その土地の伝統的な調理法に基づき調理・加工された料理をいう。たとえば，北海道の石狩鍋，富山県のほたるいかの酢みそ和え，甘露煮，石川県のかぶら寿司，滋賀県のふなずし，岡山県のママカリずしなどがある。

2）特定食材を加工した料理
　ある特定の地域の食材を使っているが，貯蔵に適する食材として加工を施し，大量消費地へ運ばれ，その消費地で調理され，次第に発達し，認知された料理がある。たとえば，京都のエビイモとタラの芋棒やさば寿司，ニシンそば，塩さばと大根の薄切りに昆布の煮だし汁をくわえた船場汁などがある。

3）加工して固有料理
　全国的に産する食材ではあるが，長い年月の間に地域特有の料理と評価されるようになった料理がある。たとえば，北海道の三平汁，秋田県のきりたんぽ，

表2-3　都道府県別（農山漁村）の代表的な郷土料理

都道府県	郷土料理名	都道府県	郷土料理名
北海道	ジンギスカン，石狩鍋，ちゃんちゃん焼き	青森県	いちご煮，せんべい汁
秋田県	きりたんぽ鍋，稲庭うどん	岩手県	わんこそば，ひっつみ
宮城県	ずんだ餅，はらこ飯	山形県	いも煮，どんがら汁
福島県	こづゆ，にしんの山椒漬け	茨城県	あんこう料理，そぼろ納豆
栃木県	しもつかれ，ちたけそば	群馬県	おっきりこみ，生芋こんにゃく料理
埼玉県	冷汁うどん，いが饅頭	千葉県	太巻き寿司，イワシのごま漬け
東京都	深川丼，くさや	神奈川県	へらへら団子，かんこ焼き
長野県	信州そば，おやき	山梨県	ほうとう，吉田うどん
新潟県	のっぺい汁，笹寿司	富山県	鱒（ます）寿司，ぶり大根
石川県	かぶら寿司，治部（じぶ）煮	福井県	越前おろしそば，さばのへしこ
岐阜県	栗きんとん，ほお葉みそ	静岡県	桜えびのかき揚げ，うなぎのかば焼き
愛知県	ひつまぶし，味噌煮込みうどん	三重県	伊勢うどん，てこね寿司
滋賀県	ふなずし，鴨鍋	京都府	京漬物，賀茂なすの田楽
大阪府	箱寿司，白みそ雑煮	兵庫県	ぼたん鍋，いかなごのくぎ煮
奈良県	柿の葉寿司，三輪そうめん	和歌山県	鯨の竜田揚げ，めはりずし
鳥取県	かに汁，あごのやき	島根県	出雲そば，しじみ汁
岡山県	ばらずし，ママカリずし	広島県	カキの土手鍋，あなご飯
山口県	ふく料理，岩国寿司	徳島県	そば米雑炊，ほうぜの姿寿司
香川県	讃岐うどん，あんもち雑煮	愛媛県	宇和島鯛めし，じゃこ天
高知県	かつおのたたき，皿鉢（さわち）料理	福岡県	水炊き，がめ煮
佐賀県	呼子（よぶこ）イカの活きづくり，須古寿司	長崎県	卓袱（しっぽく）料理，貝雑炊
熊本県	馬刺し，いきなりだんご，からしれんこん	大分県	ブリのあつめし，ごまだしうどん，手延べがんご汁
宮崎県	地鶏の炭火焼き，冷や汁	鹿児島県	鶏飯（けいはん），きびなご料理，つけあげ
沖縄県	沖縄そば，ゴーヤーチャンプルー，いかすみ汁		

出所）農林開発企画委員会編『家庭で味わう郷土料理百選』2009年，154～159頁を参照。

山梨県のほうとう，愛知県のきしめん，高知県の大皿に盛りつけられた宴会料理の皿鉢（さわち）料理などがある。

(2) 特産料理への不満

　各地域における特産料理への満足度は，「その土地でとれたもの」「その土地に伝わる調理法」「その土地の料理人」が調理したものを「その土地の食べ方」で食することができるか否かで評価は異なる。このような特産料理であっても，不満を感じさせる場合がしばしば起こる。日本の料理・飲食業者における料理に関する不満を感じる事項は，次のようなものがある。

① 旬の時期で食材が最適でも，温かい料理が冷たい，冷たいものが温かい。
② ありきたりの食材を使用している。
③ 調理に特色がない。
④ 美味しいといえない。
⑤ 手づくり料理のはずが加工品の代用品である。
⑥ 賞味期限切れの食品などが使われている。

　来訪の際，期待してきた食材や調理法が異なれば，食した人びとは不満を募らせる結果となる。もし，そのようなことで不満を感じるならば，その土地そのものの印象を悪くさせ，結果的にその地域そのものへの悪宣伝の材料になってしまうことを銘記しておかねばならない。

　さらに，今日，物流システムのグローバルな発達で，どこでも同じような食材が入手可能となり，地域固有の食材にこだわり，特産の料理として評価され，他の地域の産品との差別化を図ることが困難になりつつある。

　郷土料理という食文化自体は，地域自体が大切に守るべき貴重なブランドである。そのような意味からも，われわれはその地域固有の料理という食文化に関する原点を忘れるべきでない。地域の人びとは真摯に技を磨き，単に惰性的に次世代へと継承させるだけでなく，時代に適合するように調理法を進化させることが必要である。

4. 伝統的な日本料理とグルメ

(1) 京のおばんざい対ご当地人気料理，B級グルメ

1) 京のおばんざい

かつて滝沢馬琴「羇旅漫録」は，1802（享和2）年，京都へ旅し，「京によきもの三ツ」は，「女子，加茂川の水，寺社」といった。加茂川に限らず，京都は，古から清涼な水に恵まれた土地柄であった。麩，湯葉，豆腐，酒，酢，味噌，漬け物などを食材とする京料理とは，いずれも良質な「京の水」を得て，本物の味が活かされてきたのである。京の食文化は多種多様のブランド野菜があり，それを背景に蔬菜文化が成立した。純日本料理を代表する料理以外に，多くの京都固有の郷土料理が生み出されており，京都へ来訪する人びとの食の欲求を充足してきた。

京のおばんざいは京都の町衆の風俗，習慣などの生活文化と密着して，野菜を主とした家庭料理をいう。おばんざいとは，お番菜であり，その番とは番茶や番傘などのように「普通の」という普段の菜のおかずを意味する。それは四季の食材を使った日常のおかず，いわゆる惣菜である。料亭の料理に対し，おばんざいは京都の家庭で受け継がれた「おふくろの味」で，庶民的な食文化が凝縮されている。

おばんざいは，料亭の料理に対して，家庭料理を意味する。おばんざいは日常のおかずであり，決してハレの日の食べ物や年中行事に合わせたおかずの取り合わせでない。おばんざいは旧家における代々，親から子へ受け継がれてきた。月の内でも何回か節目になる日が決められ，何の日には何を食べるという風習が固く守られてきた。京都人の生活の知恵が代々引き継がれ，質素なようでその実，味にうるさく，贅沢なのが，京のおばんざいである。旬の安くて美味しい食材から料理されたおばんざいは，「手間ひまかけてもお金はかけるな」の精神に基づいている。京都の庶民の風俗，習慣などの生活文化と深く関係する料理としておばんざいがある。おばんざいは，京都の生活文化が凝縮された家庭的なお惣菜料理である。

このように千有余年の都であった京都の食文化には，宮中の大饗料理をはじ

め，寺院の精進料理，茶の湯の懐石料理，さらに庶民の「おばんざい」という食文化が伝承されてきている。

表2-4　都道府県別のご当地人気料理

都道府県	人気ご当地グルメ	都道府県	人気ご当地グルメ
北海道	うに・いくら丼，スープカレー	岩手県	盛岡冷麺，盛岡じゃじゃ麺
秋田県	横手やきそば	宮城県	牛タン焼き
栃木県	宇都宮餃子	群馬県	焼きまんじゅう
埼玉県	やきとり（やきとん）	東京都	もんじゃ焼
神奈川県	よこすか海軍カレー	静岡県	富士宮やきそば
大阪府	お好み焼き，たこ焼き	兵庫県	神戸牛ステーキ，明石焼き
広島県	広島風お好み焼き	福岡県	辛子明太子
長崎県	ちゃんぽん，皿うどん，佐世保バーガー	熊本県	太平燕（たいぴーえん）
宮崎県	チキン南蛮	鹿児島県	黒豚のしゃぶしゃぶ

出所）農林水産省編『農山漁村の郷土料理百選』2008年，30～36頁を参照作成。

2) ご当地人気料理

　地域独自の料理を，一般に郷土料理というが，それは，その地域で収穫された食材を活用し，調理方法においても地域独自の手法でもって調理されるものといえる。また，長年，農林水産業を生業とした地域固有の食材を活用した料理は「ふるさと料理」ともいえる。近年，表2-4のように地域住民にふるさと料理をより改良した「ご当地人気料理」が話題となっている。ご当地人気料理とは地元の風土・産物との関係性が薄くても，しかし，ご当地自慢の料理として地域住民からすでに絶大な人気を博しており，将来的にも広く国民に愛され，支持されうる可能性のある料理をいう。ご当地人気料理は地元の自慢料理として全国的に広く支持されるようになれば，地域の活性化にも貢献すると期待されている。

表2−5 B級グルメの麺類・餃子

種 類	名称・場所
ラーメン	函館ラーメン,札幌ラーメン,旭川ラーメン(北海道),盛岡冷麺(岩手県),喜多方ラーメン(福島県),山形冷しラーメン,伊那ローメン(長野県),富山ブラックラーメン(富山県),博多ラーメン(福岡県),須崎の鍋焼きラーメン(高知県)
焼きそば	横手焼きそば(秋田県),富士宮やきそば(静岡県),イタリアン焼きそば(滋賀県)
餃子	宇都宮餃子(栃木県),ふくしま餃子(福島県),浜松餃子(静岡県),一口餃子(福岡県)

出所) http://gurutabi.gnavi.co.jp/gourmet/cat1/bkyu_gurume/?sc_cid=grt_p_big_bkyuk_425... を参照作成。

3) B級グルメ

　最近,必ずしも高級な郷土料理に属するものでもなく,むしろ庶民的な味・B級グルメが関心を高めている。表2−5のようにB級グルメは地域産業の振興,地域おこしのために全国的に行われるようになった。安価で美味しく気楽に食べられるB級グルメは,たとえば,喜多方ラーメン,宇都宮餃子,よこすか海軍カレー,静岡おでん,小田原おでん,富士宮やきそば,高松讃岐うどん,佐世保ハンバーガーなどが続々と人気を博している。

　B級グルメは本来,歴史性をはじめ,食材の地域性・土着性を必ずしも問うものではなく,特定の地域の人びとのアイデアから新たに開発されたものが多い。それは地域名を使った庶民性に特化した料理である。B級グルメとは,贅沢品でなく,安価で日常的に食される庶民的な飲食物が中心になる。京のおばんざいと同じように,そこいら辺にある普通の食材を使用し,楽しく賞味する食べ物が中心である。

　しかし,多くのB級グルメは即席で,素人でも調理できるようなラーメン,うどん,焼きそば,カレーなどの類が定番であり,食文化として成熟した京都のおばんざいとは大いに異なる。その場合,その地域特産の食材をほとんど活用するものではなく,むしろ使用したとしても,無理やり詰め込んだに過ぎなく,貴重なアイデアはあっても文化性が感じられないと,批判できる。つまり,B級グルメ自体は地元の名物料理や郷土料理とは異なり,一般的に地元の特産品とのつながりが薄く,単に地域おこし,町おこしのために創作されたメ

ニューに過ぎない。B級グルメが地域の食文化と認知できるかといえば，疑わしい。なぜならば，その多くは地域の人びとに認知されておらず，食文化として未完成といえる。

まさに京都の庶民の味・おばんざいは京都の食文化として広く認知されている。各地のB級グルメは未だに，地域の食文化と高言できるまで評価されるには至っておらず，人気の持続性も危惧される。B級グルメは一時的にメディアの話題になっても，中長期的に陳腐化する可能性が大であり，持続性が強く求められる。それゆえ，今後とも，B級グルメが地域の食文化となるように進化させるマーケティング戦略が必要不可欠である。

このようなB級グルメ活動を推進している団体が各地のB級グルメを持ち寄ってグランプリを競ったB-1グランプリと呼ばれる大会を行っている。B-1グランプリ（ビーワン・グランプリ）は，2006年に青森県八戸市で第1回が開催され，毎年1回行われており，第6回（2011年）は姫路市（兵庫県）で開催され，63の参加団体があり，また，来場者数は51万5,000人にも達した。今後とも，B-1グランプリの開催を持続されることにより，地域の食文化として評価されることを期待したい。

5. 第六次産業への進化における地産地消と地域ブランド
(1) 第一次産業対第六次産業
1) 産業構造の高度化

産業構造は農林水産を中心とする第一次産業，製造・加工業の第二次産業，流通・販売サービスの第三次産業に分類できる。一国の産業構造は経済発展と共に変化する。日本農業の国際競争力は極めて弱く，世界一の食料輸入大国となっている。とくに，農業は自然の一部である土地に左右され，人間労働力を活用して植物・動物の生命力・成長力を図り，生産活動を行っている。第二次産業とは異なり，第一次産業は自然と一体となり，生産活動を行うことになる。しかし，日本経済の発展により，全就業者数に占める割合は，1970年代の石油危機以降，第一次産業，第二次産業から第三次産業へと移行し，第三次産業

の就業者数の割合が上昇するという産業構造の高度化が進んでいる。その場合，経済発展は第一次→第二次→第三次産業へと移行するばかりでなく，農林水産業，製造業においても高質なサービスが求められる社会構造になってきている。成熟化社会では単に第一次・第二次産業社会から第三次産業の就業者数の比率が量的に上昇すると同時に，農林水産業を含め，すべての産業分野において質の高いサービス，高付加価値が要求される。

2）第六次産業への進化の時代

　農業・水産業とは産業分類では第一次産業に分類され，それは農畜産，水産物などの自然の恩恵を利用した生産活動などをいう。しかし，近年，農林水産業は，もはや第一次産業という原材料を生産するだけではなく，第六次産業として脱皮することが求められている。つまり，6という数字には，第一次1×第二次2×第三次3あるいは第一次1＋第二次2＋第三次3イコール6の第六次産業という考え方ができる。しかし，プラス（＋）による後者の6とは個別的な事業へ参入する複合化に過ぎなく，乗ずる（×）前者の6は第一次産業の素材提供事業を原点・基礎として関連性のある第二次，第三次化を起業する総合的な第六次産業化を育成することを意味する。第一次産業で生産した原材料をベースにし，それを加工する第二次産業の分野へ，さらにそれらを流通・販売サービスする第三次産業へと，農林水産業者が主体的かつ総合的にかかわって起業化することになる。それは農林水産業者が素材の付加価値を高めるように創意工夫し，最終の完成品を販売するまで関与する。第六次産業は，味・風味・形・希少性・新鮮性などの質の高い素材を生産する第一次産業の分野から，加工化し，それらをどのように流通・販売サービスさせるという分野を含んでいる。農林水産業者が地域おこし，村おこしへ寄与させるパワーとして，農林水産品のブランド化，消費者への直接販売，レストラン経営までの諸活動などを包含した第六次産業への進化が求められている。

　他方，近年，第一次産業に対し，競争力をつけるために高質な素材を生産し，それをブランド化して付加価値を図るという視点から1.5次産業化が提唱されていた。さらに，第六次産業とは，加工，流通・販売サービスという段階まで

も踏み込み，総合的な産業になることの必要性が提唱されている。

(2) 一村一品運動対地産地消
1) 一村一品運動
　一村一品運動は，1979（昭和54）年に大分県知事の平松守彦氏によって提唱された運動である。地域住民が主体となって，村おこしのために一村一品の開発を奨励したことに由来する。その後，この運動は各市町村を中心に地域振興を推進する全国的な運動として発展した。一村に一つ以上の特産品を開発し，国内や世界に通用する有名ブランドの銘柄を育成することにより，その経済的な効果が非常に大きなものが期待できると考えられた。とくに，一村一品運動は地元の資源を活用し，一つの地場産業を育成できるならば，地元の活性化の起爆剤になると，各市町村で積極的に展開されるようになった。その背景には，日本経済の東京一極集中の対抗策とし，とくに，地域経済の活性化に貢献できる第一次産業の育成として期待されてきた。

2) 地産地消運動
　地産地消とは，すなわち地域生産対地域消費という略語である。地元の食材を観光資源化すると，観光業が恩恵を受けるだけでなく，地元の農業や漁業はもとより，また，食品加工業，さらに，一般飲食店，商店街などへも及び，地域全体が活性化するという波及効果が期待できる。地域おこしには地元の食材の良さを再発見し，いわゆる「地産地消」が重要視されるようになった。それは，端的には地域で生産された食材を，地元で消費することを意味する。消費者から見ると，「新鮮，安心，安価」が期待できるし，生産者から見ると，顧客の信頼を確保することで，安定的な供給が可能になる。それゆえ，地産地消を提唱する背景には，一般的に，次のような効果が期待できる。

　① 食や農の面から地元の魅力を再認識し，かつ地域活性化にも寄与できる。
　② 地域の伝統的な食文化が継承でき，次世代への食育を育むことにもなる。
　③ 消費者は生産者の「顔が見え」，相互にコミュニケーションが可能となる。
　④ 地元農業を振興でき，日本全体の食料自給率の向上にもなる。

⑤ 地元消費は運送費の負担が少なく，かつ環境負荷の低減につながる。

　地産地消運動は，第一次産業の育成ばかりでなく，いかに地元で付加価値を創造し，第六次産業として育成するかが求められている。②の地産地消の効果について，たとえば，京都では平安時代以来，日本文化の中心としてさまざまの食文化を発展させ　国内外の人びとをおもてなしするためにも，京都の食材を活用し，独自の調理法を考案し，日本料理の原点，京料理を確立した。今日でも京都でなければ食べられない固有の京料理は，国内外の多くの人びとに高く評価されている。

表2-6　のれん商標

名称	概　　要
本場	長年にわたり，特定の物産を産出している名高い場所である。
本家	一家・一門の主である家筋であり，本家から分かれた，新たな一家を分家という。
宗家	一族・一門の中心となる家柄・家元である。
元祖	家系の最初の人，事業の創業者を意味する。
老舗	何代も受け継がれ，商売の基盤ができている店という意味で使われる。
本舗	特定の商品を製造・販売するお元締めの店舗をいう。

出所）http://ja.wikipedia.org/wiki/ 老舗を参照。

(3) のれん対地域ブランド

1) のれん

　のれんは奈良時代に，禅家で隙間風やチリを防ぐために用いた垂れ幕に由来する。暖をとるための簾（すだれ）という字をあてて，暖簾（のれん）であり，英語ではグッドウィル（goodwill）となる。江戸時代以降，屋号・商号などが染め抜かれた暖簾は，単なる垂れ幕ではなく，商家の営業上の権利とか，信用力を表す「商標」となった。奉公人が独立して出店する際，同じ商号・屋号を名乗ることを「暖簾分け」といった。店を出した側から本家に対し，「暖簾うち」と呼び，それが商家のシンボルとなった。のれんの形態には，京の多くの老舗では地面まで届く「長のれん」を見かけるが，また，寿司屋，そば屋ではその半分の長さの「半のれん」，間口一杯にかける「水引きのれん」，さらに重石を

つけて入り口一面にかける「日よけのれん」などがある。商号・屋号などの商標が商品の優秀さ，歴史の古さ，信用力を表示し，その店の名声や信用力，さらに営業権を表す。表2-6のように本家，元祖，老舗などの文字を染め抜いたのれんが良く使われている。逆に近年，企業の経営理念を広く世間へ訴え，正しく理解してもらうためにCI（corporate identity）の導入が活発である。とくに今日，たとえ老舗であっても，事業内容が多角化，多様化してきているので，昔からの商標では企業のイメージと異なり，新たに商標を作り替える企業もある。

2）ブランド

　ブランド（brand）は文字・図形・記号などに基づく商標である。一般に，ブランドやイメージ（image）とは，情報を通じて人びとの脳裏に充電され，連想された価値の総和である。地域に対する個人的な好き嫌いから各種の情報に基づき頭の中に連想した地域ブランドやイメージの総和によって意志決定される。イメージは本来，極めてあいまいな心像，不安定な心の絵である。それに対し，ブランドは家畜に押す焼き印・目印（burned）である。それは長い期間に培われた信頼関係であり，ゲストの頭の中で連想された期待を裏切らず，ホストは約束された価値を守り続けるという絆を大切にするべき商標である。たとえば，戦前に「宮内省御用達」，戦後に「宮内庁御用達」という制度があった。その制度は1954（昭和29）年に廃止された。しかし，現在でも，街の看板や店舗のパンフレットに「宮内庁御用達」という用語を時々，見かける。過去において御用達であった高い品質が保証となり，ブランドとして使われている。つまり，宮内庁御用達といえば，天皇陛下をはじめ，皇族の方々のご愛用というブランドであり，その店への信頼性が高まることになる。

　ブランドに対する顧客の忠誠度については，一般にブランド・ロイヤルティー（brand loyalty）と称する。しかし，ブランド・ロイヤルティーとは，下位の者が上位の者に忠誠を示すという上下関係・主従関係を意味している。ホスト・生産者とゲスト・消費者との関係は，対等な関係に基づくというよりも，上から目線で忠誠心を求めているといえる。それゆえ，近年，ゲスト・消

費者自身がブランドを愛顧する度合いという意味で，ブランド・パトロナージュ（brand patronage）が使われるようになった。

3）ミシュランガイドと地域ブランド

　ミシュランの創設者，エドワールとアンドレのミシュラン兄弟は1900年，自動車でフランス国内を旅行する人びとのために「赤いカバーの小さい本」というコンセプトでミシュランガイド（Le Guide Michelin）を無料で配布していた。それは自動車の整備や修理を受ける場所，好ましい宿泊施設，美味しいレストランなどの情報提供であった。また，1926年に美味しい料理を提供するレストランに対し，星の数による格付け制度を採用した。ミシュランガイドにおける星の数の格付けには匿名の調査員が素材の質，料理の技術のセンス，風味の調和と明快さ，献立のバランスなどを厳密に調査し，厳正に選定される。レストラン・料理店に対するミシュランの格付け制度はヨーロッパ（20ヵ国）ばかりでなく，2000年にアメリカへと拡散し，さらに，2007年には，日本の首都・東京版のガイドブックが登場した。日本におけるミシュランガイドの調査エリアは拡大・進化しており，2012年現在，ミシュランガイドの格付けを取得した東京・横浜・湘南・京都・大阪・神戸・奈良の日本料理店（寿司・刺身・焼き鳥店を含む）・レストランでは国内外から大勢の人びとが来店している。ミシュランガイドの星の数は，表2-7のような区分である。

表2-7　ミシュランガイドの格付け

星数	概　要
1つ星	そのカテゴリーで特に美味しい料理
2つ星	遠回りをしてでも訪れる価値がある素晴しい料理
3つ星	そのために旅行する価値がある卓越した料理

出所）MICHELIN『ミシュランガイド東京　横浜　湘南2012』日本ミシュランタイヤ株，2011年，23〜26頁を参照作成。

　同様に，地域経済を活性化させるにあたり，ブランド化を目指した地域の特産品づくりが各地で行われている。地域ブランドという格付けは地域全体を一つのイメージに統一化することで，人びとに信頼感や憧れを導き出すことがで

き，有効となる。すでに地域の農水産物の知名度を高め，地域ブランドとして名高い商品には，たとえば，夕張メロン（夕張市），大間マグロ（青森県大間町），氷見の寒ブリ（氷見市），松阪牛（松阪市），下関のフグ（下関市），関サバ・関アジ（別府市など），宮崎県産の完熟マンゴー（串間市など）などが有名である。

近年，地域を活性化する手段として全国的に，表2-8のように地域ブランドの格付け制度が行われるようになった。食は食材にしても，料理にしても一過性のブームで終わらせることなく，信頼度を高め，食材の価値や本物の名物

表2-8 地域の主なブランド野菜

野菜種	産　地		
	京野菜[1]	江戸野菜[2]	能登・加賀野菜[3]
大根	聖護院ダイコン 桃山だいこん	練馬大根 亀戸大根	源助大根
かぶ	松ヶ崎浮菜かぶ 聖護院かぶ	金町こかぶ 品川大長かぶ	金沢青かぶ
ネギ	九条ねぎ	千寿ねぎ	金沢一本太ねぎ
ごぼう	堀川ごぼう	滝野川ごぼう	
いも	えびいも		五郎島さつまいも 赤ずいき
なす	賀茂なす　山科なす もぎなす		ヘタ紫なす
つけ菜	みず菜　壬生菜 畑菜	伝統小松菜 （後関晩生）	二塚からしな 中島菜
かぼちゃ	鹿ヶ谷かぼちゃ		打木赤皮甘栗かぼちゃ
とうがらし	伏見とうがらし		
しょうが		谷中しょうが	
レンコン			加賀れんこん

注
1)「京の伝統的野菜」と「ブランド京野菜」で京のふるさと産品協会の認証で，京のブランド産品マークの「京マーク」が貼られ，流通している。
2) 現在の東京周辺で伝統的に作られている在来野菜をいう。
3) 2011年9月現在，金沢市農産物ブランド協会が15品目を認定するが，また，課が野菜とは別に2010年から金沢の新ブランド制度として「だいこん，すいか，なし」を「金沢そだち」として指定した。
出所）山本謙治監修『日本の食材帖』主婦の友社，2009年，32頁，56頁，76頁等を参照作成。

料理として持続・定着化させることが大切である。その方策として，ブランド認証制度が有効になる。格付けとなるブランド認証制度は自地域に相応しい商品やその生産・製造する事業者あるいは歴史的に伝承してきた有形無形な地域固有の資源などが対象になる。しかし，認証制度は狭い地域の業者内で，あぶり出す作業のため，評価基準や手続き，選定プロセスが透明性に欠いている場合が多い。その場合，横並び的に，単純に認定されていることが多い。

なお，表2-8のように京都，東京，能登・加賀（石川県）などをはじめ，全国各地域にブランド認定が行われている。たとえば，京のふるさと産品協会では，京都府内産の京野菜などを食材に使用する料理店を「旬の京野菜提供店」として認定しているが，その基準は，次のようになっている。

① 協会が指定した旬の京野菜を常時使用し，それらを使用する料理を常時提供する。
② 京野菜に対する確実な流通ルートを有する。
③ 京野菜のイメージ・アップを図る。
④ 業種別の環境衛生同業者組合等に加入し，食品衛生の向上に努める。

表2-9　駅弁第1号の諸説

年　数	場　所	品　　名
1877（明治10）年7月	神戸駅	弁当
1877（明治10）年	大阪駅	弁当
1883（明治16）年7月	熊谷駅	寿司とパン
1883（明治16）年	上野駅	弁当（ふじのや）
1884（明治17）年4月	敦賀駅	弁当
1885（明治18）年7月	小山駅	翁ずし（柏屋）
1885（明治18）年7月	宇都宮駅	おにぎり（白木屋ホテル）

出所）徳久球雄『食文化の地理学』学文社，1995年，241～242頁を参照作成。

表2-10　駅弁ランキング（2011年9月）

順位	駅弁名	駅名・線名	順位	駅弁名	駅名・線名
1	ますのすし	富山駅　北陸本線	6	だるま弁当	高崎駅　高崎線
2	峠の釜めし	横川駅　信越本線	7	牛肉どまん中	米沢駅　奥羽本線
3	いかめし	森駅　函館本線	8	かにちらし寿し	米子駅　山陰本線
4	かにめし	長万部駅　函館本線	9	石狩鮭めし	札幌駅　函館本線
5	柿の葉寿し	吉野口駅　和歌山線	10	ひっぱりだこ飯	西明石駅　山陽本線

出所）http://ranking.goo.ne.jp/ranking/011/ekiben/ を参照作成。

6．食における駅弁と地域文化

(1) 駅弁の地域性

　観光客にとって交通手段での移動の楽しみには，美しい景観を眺め，かつ食事をすることがある。とくに，駅弁は鉄道の旅を彩り，大きな感動や幸福感を与える機会が多い。駅弁の魅力には地域性がある。たしかに地域と駅弁の結びつきが深い。現在，駅弁は全国各地に特産物などで工夫を凝らした名物弁当が多く販売されている。しかし，その駅弁の中には多様で珍しそうな名称が多いけれど，中身・内容はほとんど似ており，むしろ地域性が希薄化していると感じることも多い。しかし総じて駅弁には，次のような地域性が存在するといえよう。

1）関東圏の豚肉

　駅弁では肉を食材にしたものが多いが，豚肉を使った駅弁は関東圏に多く，牛肉は関西圏に多いという傾向がある。その背景は，昔から関東人は何事にも気が短くせっかちなために，直情的な人びとが多いといわれている。たとえば，農耕使役用に関東では早足の馬であり，一方，温順な関西では鈍足の牛を使っていた。東日本でも牛肉として米沢牛（山形県）がある。しかし，一般に，関東ローム層に広がる関東平野ではサツマイモや麦の栽培が適していた。大都市・東京の食肉需要を賄うためにも農家では馬ではなく，サツマイモや麦を豚の飼料用として使い，大量生産できる養豚が盛んとなった。たとえば，豚肉を使ったシウマイ弁当（横浜），とんかつ弁当（熱海など），ヒレカツ弁当（藤沢，

豊橋など）がある。また，関東では牛丼屋よりも，圧倒的にとんかつ屋が多く，カレーもポーク・カレーが多く売れているといわれている。

2）関西圏の牛肉

　牛は本来，農作業の労役用の家畜として飼育されていたが，明治以降，肉食の普及により，牛が肉牛へと転用された。関西圏には有名な肉牛のブランドとして松阪牛（三重県），近江牛（滋賀県），神戸牛（兵庫県）などが存在する。駅弁では，牛丼弁当（京都・神戸など），近江牛ステーキ弁当（米原），神戸ビーフ・ソテー弁当（神戸），しゃぶしゃぶ弁当（神戸），牛ずし（岡山）など牛肉駅弁が関西圏に多い。また，カレーでも，関西圏では一般的にビーフ・カレーとなっている。

3）瀬戸内海の魚介

　瀬戸内海では潮の干満の差が大きく，激しい潮の流れのために魚介類の身がしまっており，良質な食材が確保できる。しかし，近年，瀬戸内海沿岸の魚介類は海が汚染し，漁獲高が少なくなり，地元産の素材ですべて賄えず，国内の他の地域産や韓国産などを輸入している場合もある。しかし，瀬戸内海沿岸では魚介類を素材とした駅弁が目立つ。たとえば，鯛飯（尾道など），鯛ずし（神戸・明石・福山など），ひっぱりだこ飯（西明石），あなご飯（明石・姫路・三原・宮島口など），しゃもじカキ飯（広島）などがある。

4）九州の鶏肉

　九州地方の農家では，昔から庭先などで鶏を飼育していた。現在でも，養鶏が盛んであり，その農家は宮崎県，鹿児島県に集中している。そこで，九州地方，たとえば，小倉・八幡・博多・久留米・鹿児島など全域で，チキン・かしわ飯に代表される鶏肉の駅弁が多く販売されている。そのため，昔から鹿児島本線は「かしわ飯本線」と称されている。

(2) 普通弁当対幕の内弁当，特殊弁当

1）普通弁当

　駅弁とは，基本的に「駅構内や駅前の弁当業者の店舗で販売される弁当」で

ある。次のように普通弁当（幕の内弁当を含む）と特殊弁当に区分できる。
　普通弁当は飯の形状により細区分すれば，普通弁当と幕の内に分けられる。普通弁当は折詰め中央に仕切りがあり，半分の飯，他の半分におかずの入った弁当のことである。駅弁の三種の神器とは，魚の焼き物，蒲鉾，さらに玉子焼きである。それ以外に煮物，肉類，漬け物などが詰められているのが，一般的である。普通弁当の飯は折箱にただよそってあるだけである。

2）幕の内弁当

　一方，幕の内は舞台の幕が下がり，次の場面で幕が上がるまでの間合いをいう。幕の内弁当は観劇の幕間，芝居見物用に食する弁当を意味する。それは一般に二重折ではなく一重折で，白飯と副食とで組み合わせた弁当である。飯は幕合いという短い時間内でも手っ取り早く，一口で食べられるように円筒・俵形状に固めて並べてある。そこで，相撲取りの小結が幕内力士ということから，小さいおむすびが入った弁当を幕の内弁当と呼ぶようになったという説がある。しかし，語源的に必ずしも，相撲の幕の内と幕の内弁当とは直接的には，関係ないという説もある。

3）特殊弁当

　特殊弁当には，何か一つのストーリーとし，飯の味つけに工夫を施した弁当をいう。特殊弁当は古くは明治時代に登場したが，鉄道が発達し，旅をする人びとが増加するに従い，地域ごとの名物食材を活用して販売された。土地の名物・名産の食材を活用した弁当，たとえば，飯類ではいかめし，鯛めし，かにめし，だるま弁当，鳥めし，釜めしなど，寿司類では押しずし，のり巻き寿司，鮭ずし，鮎ずし，鱒ずしなど多様に存在する。

(3) 駅弁対デパ地下の駅弁大会

1）交通機関の各種弁当

　駅弁は鉄道駅構内・列車内で販売される弁当である。「駅弁」にあやかり，近年では，航空会社の系列会社が空港などで販売している「空弁」，さらに，道路管理会社などが高速道路 SA で販売している「速弁」，道の駅等が販売し

ている「道弁」など多様な弁当が登場している。

　かつて鉄道が高速化する前では車内に滞留する時間が長く，駅弁を食べる必要性があった。そこで，鉄道では駅構内の立ち売りをはじめ，基本的に車中販売とホーム売店における座売りが必要であった。しかし近年，鉄道・航空機・自動車の高速化により，とくに，鉄道では車内で食事をする必要性が少なくなった。そのため，経営が困難になっている駅弁事業者が少なくない。さらに，百貨店のデパ地下，駅ナカなどでも食材・弁当などが販売されており，それらを手軽に購入できるので，駅弁事業者は駅構内・車内販売だけでは十分な収益を上げられない。

2) デパ地下等の駅弁大会

　今日，弁当は百貨店・スーパーなどでは有名駅弁・空弁を集めて実演販売する「駅弁大会」が人気を博している。1959（昭和34）年，東京・上野松坂屋で第1回駅弁大会が開催された。その後，全国の多くのデパートにおいて駅弁大会と称したイベントが行われている。駅弁大会，デパ地下などで販売されることにより，駅弁が茶の間へ浸透し，手軽に食されるようになった。

　駅弁には手頃な値段ながら地元の特産物やこだわりの高級な食材などが多く使われている。駅弁大会ではこのような贅沢な食材を食したいという人びとのニーズを捉え，高級な弁当が好評である。そのため，地域の特色や顧客ニーズを的確に捉えた弁当の商品開発が必要であり，とくに，食材や調理法，容器・包装，価格等において地域・顧客志向を配慮した開発が求められている。たとえば，北海道ではイクラ，ウニ（雲丹），ホタテなどの海産物を前面に出した弁当が多い。しかし今日では，さらなる差別化した食材の選択が必要となっている。その土地だけでしか食されない希少な食材や話題性のあるグルメ，たとえば，最近のB級グルメ・ブームにより，「富士宮やきそば弁当」「せんべい汁弁当」「甲州とりもつべんとう」などが名物弁当として関心を集めている。

　日本独自の旅の食文化である駅弁には，単に地域の食材を使っているばかりではなく，その地域のさまざまな地域文化の要素，歴史的な要素，風土的な要素などが小さい箱に凝縮され，詰め込まれていると考えるべきである。つまり，

そのような地域性の高い駅弁は，車中で旅の味を楽しむばかりでなく，また多様な購入機会を通じて持ち帰り弁当などとして土地の味，地域文化を味わうことができる。

7. 地産地消における道の駅と地元商店街
(1) 道の駅の成立対進化
1) 道の駅の成立

　道の駅の事業がスタートした当初の設置目的と近年とにおいて変化が見られる。1960年代以前は，鉄道の駅を中心にして地域経済は，人・物・情報が動いていた。高度成長期以降，モータリゼーションが普及し，地方の鉄道が廃止され，移動手段の主役は自動車に代わった。長距離ドライブが増え，女性や高齢者のドライバーが増加したこともあり，安全運転のための休憩施設が必要となった。旧建設省と地方自治体の協力で，1993（平成5）年，全国で103カ所の道の駅が開設された。鉄道が廃止された地域ではドライブ観光が普及し，休憩施設が必要となった。そこで，道の駅は一般道路という線上の点と点を結ぶ休憩機能を中心として登場したのであった。当初の道の駅の機能とは，次のような2つの要素を基本に設置されていた。

　① 駐車場の確保
　② 24時間使用可能なトイレ，電話および物品販売

2) 道の駅の進化

　道の駅は当初，自動車利用者を中心とした休憩所の場所提供に過ぎなかった。最近，デフレ経済下のため，日本人は海外旅行を控えがちであり，全般的に節約志向となっている。道の駅の立地は大都市近郊に立地し，遠くの観光地へ出かけるより気楽さがある。たとえ，観光に出かけるにしても，小グループ単位のドライブ観光の時代となっている。手軽に非日常体験を楽しめるよう，その地域の特性を活用した道の駅などでの体験型観光が歓迎されている。そのため，近年，道の駅は，多様化し，次のような機能を果たしている。

① 休憩機能
② 情報発信機能
③ 他の地域との連携機能

という3点セットを有する休憩施設になっている。つまり，休憩施設→地域連携→地域一体→地域の活性化という多様な役割を果たしている。とくに観光客に対し，道の駅は特産物の販売ばかりでなく，地域の文化・名所などの情報提供など多様な役割を果たしている。たとえば，道の駅と地域との連携としては，イギリス発祥である地域の自然（森林・田園地帯など）や歴史（古い町並み，農作業体験を含む）の小径（path）を歩きながら（foot），ゆっくりと味わい，楽しむというフットパス（footpath）が可能となる。

(2) 道の駅対地元商店街
1) 道の駅

近年，道の駅が見直され，その追い風の要素としては，カーナビの普及，高速道路にETCカードの割引制度，野菜高騰，さらに，美味しいご当地グルメを食することができるとの口コミによって広がりを示している。それは，農業者自身が第六次産業として，流通・販売までを統括している場合もある。しかし，一般的に，農業者プラス加工業者プラス商業者・観光会社などとの連携をいう。つまり，特産の農産物を原料として加工することでオリジナル・ブランド商品を開発し，それらを商業者の力を借りて道の駅などで販売し，道の駅の人気が高まってきている。

近年，ドライブ観光の核，個性あふれる道の駅が増加しており，道の駅は，地元の物産館となっている。もはや単なる点ではなく，道の駅を起点として面的な広がりが見られるようになった。

経営努力によって道の駅は，その地域独自の体験，とりわけ，地元の産物，特産品が販売することで，地域経済の活性化の拠点としてビジネス・チャンスが拡大化している。来訪者の滞留時間を長くするには，たとえば，各種の体験型のイベントを開催することが必要になる。道の駅では地域振興策，地元の農

産物などの販売量を拡大し，地域を元気にするということで推進されている。

農林水産省の視点から，道の駅を支援するのは，「地域の農業の振興」「就業機会の確保」につながる。しかし，反面，既存の地元商店街における小売業者の販売機会を減少させるという。既存の商店街はシャッター通りと揶揄され，道の駅は地元の商業活動を圧迫すると批判されている。

道の駅では道路管理者の国（地方整備局）や都道府県が基本的施設（駐車場，トイレ）を整備し，市町村・公的な団体（第三セクター）が商業施設を設置するという「休憩プラス地域振興」との視点から計画・整備されている。このような道の駅としては，①鉄道駅舎併設，②鉄道駅前設置，③高速道路のハイウェイ・オアシス併設，④サービスエリア・パーキングエリアと一体運営，⑤みなとオアシスと重複，⑥海の駅と重複など多様化し，2010年現在，全国に936ヵ所に設置されている。

かつての鉄道駅と同じように「地域の核」となり，また，それが道路を介して「地域間の連携」，地域間を相互に結びつける拠点となり，さらに，「地元産品の販売による地域振興，地域おこし」をしたいという行政の思惑が絡んでいる。実質運営を第三セクターや民間に任せ，自治体が赤字補填しているケースが多い。

2）地元商店街の逆転

道の駅が収益を獲得すると，地元商業の圧迫と批判されがちである。他方，赤字になれば税金の無駄遣いと批判される。しかし，道の駅が赤字では税金の無駄であることはたしかである。それに対し，黒字では地元商業を圧迫していると，批判するべきであろうか。商店街と道の駅とは基本的に双方が棲み分けし，共存共栄することが望まれる。

社会主義でも競争時代のご時世，民間であっても公共であっても競争し合うことが資本主義社会の前提条件である。その場合，施設などのハード面の整備費用などの格差だけをもって，地元の商業の圧迫と結論づけるべきではない。ハード面の優位性だけであれば，中長期的には陳腐化が起こる可能性があるので，逆転現象が起こり得るという時期が到来する。つまり，地元の商業者は，

今まで以上に経営努力をし，ソフト面，ヒューマン面からの差別化を推進し，とくに，顧客ニーズに合致するようなマーケティング戦略を展開できれば，活性化は不可能なことではないであろう。

【参考文献】
安藤百福『食は時代とともに』旭屋出版，1999年。
石川寛子・江原絢子『近現代の食文化』弘学出版，2002年。
岡田哲『食の文化を知る事典』東京堂出版，1998年。
大塚力『日本食生活文化史』新樹社，1982年。
鈴木勝『観光立国ニッポンのための観光学入門』NCコミュニケーションズ，2011年。
滝沢馬琴「羇旅漫録」『日本随筆大成Ⅰ』吉川弘文館，1975年。
辻原康夫『日本の旅文化事典』トラベルジャーナル，2000年。
徳久球雄『食文化の地理学』学文社，1995年。
農林水産省編『農山漁村の郷土料理百選』2008年。
ロケーションリサーチ編『家庭で味わう郷土料理百選』農村開発企画委員会，2009年。
平間久雄『地域活性化の戦略』日本地域社会研究所，1999年。
MICHELIN『ミシュランガイド東京 横浜 湘南2012』日本ミシュランタイヤ，2011年。
安田亘宏『食旅と観光まちづくり』学芸出版社，2010年。
山本謙治監修『日本の食材帖』主婦の友社，2009年。
http://gurutabi.gnavi.co.jp/gourmet/cat1/bkyu_gurume/?sc_cid=grt_p_big_bkyuk_425... を参照。
http://ja.wikipedia.org/wiki/ を参照。
http://ranking.goo.ne.jp/ranking/011/ekiben/ を参照。

第3章
おもてなしの心と京料理・日本料理

1. 三間価値とおもてなしの進化・深化
(1) おもてなし対日本的な接待
1) おもてなしの意義

　ヒト対ヒトに対する場合、おもてなしは饗応・献酬などの態度・対応を意味する。おもてなしは、日本語では一般的に、名詞が「もてなし」であり、動詞は「もてなす」となる。その語意は、教養・性格などによって培われた「ふるまい」「饗する」「身のこなし方、立居振舞い」となる。昔から「立居振舞いは目から入る言葉」とも称され、そのおもてなしの心がそのまま態度に出て、相手に言葉で話した以上に良く伝わることになる。おもてなしとは客を招待し、食事や接待を供してコミュニケーションを密にすることである。

　茶の湯のおもてなしでは、正客をはじめ、連客一同が馳走などを食することをお相伴するという。懐石料理の際、酒肴（八寸）をもってする献酬する「千鳥の杯」がある。亭主が客へ献酬する杯を一つさすことを一献となる。

　また天子・貴人からご馳走を賜わることを賜饗などと称する。さらにそれらと同義な他の用語として、「恩賜」「看護」「庇護」「歓待」などがある。日本では客人を「まろうど」と呼ぶ。その言葉は、稀なる人、つまり、はるばる遠方の外国から長い旅をして来日した外国人であり、知らない情報や食文化などを持って来る貴重な人びとであり、歓迎したのである。

　おもてなしとは客人を心温かく接遇するホスピタリティ（hospitality）と共通すると考える。このようにホスピタリティはホテル（hotel）や病院（hospital）

と同義語である。とくに，それはゲスト（guest）に対し，手厚くおもてなしをするホスト（host）の立居振舞いと類似する。この友好的なホスピタリティに対し，全く逆の立場，敵対行為（hostility）や人質（hostage）という反転・対立する言葉が存在する。客人は本来，見知らぬ異邦人ゆえに何をするか判らないし，自分たちを滅ぼす敵であるかもしれないという不信感が同居している。それは相手への友好的な思いやりに対する敵対的な憎悪とは密接な関連性があり，表裏一体で逆転する事態が起こる可能性を示唆しているといえよう。

　本書におけるおもてなしという用語自体は，ホスピタリティと同義の考え方に基づいて使用している。このホスピタリティ・マインドはもてなす側ともてなされる側が同じ目線，相手の目線に合わせるという考え方である。この場合，もてなす側ともてなされる側との間には上下の優劣はなく，双方は対等の関係を前提とする。それは同じ目線・同じ土俵という横割りの考え方である。つまり，おもてなしは上からの目線で「してあげる」という上下関係を意味せず，むしろ「させて頂く」という対等関係から成立するものである。

2）おもてなしのパフォーマンスの必要性

　今日，世界中，どこでも出来るだけヒトを排除し，機械化，自動化する合理的な社会になっている。そのような無味乾燥な合理的な社会の蔓延に対し，逆に，機械化，合理化社会よりもヒト，ヒト対ヒトの心が触れ合うことを欲求する人びとが多くなっている。そのため，同業他社との競争力を高めるためには，お客と対面する接客態度の良否が重要となり，付加価値の高い日本のおもてなしがビジネスに適応できるチャンスが到来してきている。近年，世界単一市場の激しい競争時代で，「商品の価格競争」から「サービス競争」の時代へと進んできている。プラスアルファの差別化を考えている日本の企業にとって，日本固有のおもてなし文化は「強み」を発揮する重要な方法となる。

　おもてなしを産業化するには，以下のキーワードが大切になる。

　① 標的市場をアジア地域の富裕層に限定する。

　② 不特定多数の顧客よりも，特定少数の個人客を大切にする。

　③ 日本のおもてなしを有言実行型のパフォーマンスへと転換する。

3) 日本的な接待

　他方，日本的な接待はサービス (service) の語源と類似していると考える。サービスはラテン語の Slave (奴隷) や Servant (召使) と同義であるように日本的な接待は主従関係・上下関係 (hierarchy) が背景に存在する。なぜならば，ビジネス社会に見られる「日本的な接待」とは意図的に相手を持ち上げ，下心を持って特段のおもてなしをする行為をいう。日本的な接待では心の奥底に邪心のもとに上下関係を意図した特段のおもてなしをする。つまり，もてなす側は下心を持って，もてなされる側を持ち上げ，何もせずとも，すべてにおいて先回りの気配り，いわゆる「上げ膳据え膳」の接客法をよしとする。従来，サラリーマン稼業において接待の多寡は仕事ができ，有能という勲章・評価として特権意識を感じた人びとが多かった。しかし，日本的な接待には見返り・情報などを得ることを期待するというダーティな意図が介在することが多い。たとえば，日本的な接待として料亭・クラブ等での飲食，ゴルフ，マージャンなどによって飲ませ，食わせ，現金を握らせるなどが行われる。日本的な接待は供する，供される立場に上下関係が存在する。つまり，接待には供される「優位な上位」に対し，供する「劣位な下位」という立場があり，双方には縦割り関係・主従関係が成立する。

　それゆえ，本書でおもてなしという場合，ダーティで日本的な接待とは明らかに異質の考え方であると峻別したい。おもてなしの心とはヒト対ヒトが対等な関係にあることを前提とし，共に喜び合う心，精神そのものである。おもてなしの形とは具体的な心遣い，気配り，気働きのスキルで表現することである。おもてなしの心の良し悪しは形によって表現されることになる。まず接客スタッフは形・スキルのトレーニングから入ることが大切である。一定の時間，教育・訓練を経るにしたがいおもてなしの心が醸成されることになる。

(2) 三間価値のおもてなし

　おもてなしの行為はもてなす側ともてなされる側との対峙によって成立する。日本文化の特質には，「間」の考え方がある。歴史的に日本人の生活意識

において間合いは重視されてきた。表3-1のように社会現象はモノという文化装置の空間が必要であり，コトという時間的な仕掛けを加え，さらにヒトという人びとの相互作用を通じた人間（じんかん）が文化を創造してきた。おもてなしには，空間（モノ），時間（コト），さらに人間（ヒト）という三間価値の側面から実行されることが必要であると考える。

表3-1　三間価値（3P）のおもてなし

間合い	3P	概　　要
空間・モノ	Place	自然的・有形的な対象物が占有する文化装置の空間で，とくに，室礼・食材・食具などの適否
時間・コト	Participation	時間の経過で展開する事象・事態・仕掛け・料理法。もてなされる側の参加・能力の有無
人間・ヒト	Contract Personnel	接客スタッフのお客に対するホスピタリティ・マインド，立居振舞い，気配りなどの先回り対応の適否

出所）山上徹『観光立国へのアプローチ』成山堂書店，2010年，63~65頁を参照作成。

1）空間（モノ）

　空間とはハードな有形な素材の存在を意味する。有形な対象には自然美・人工美から空間が形成される。おもてなしをする空間は可視的で，自然的・人工的組合せから，たとえば，建物の室内のインテリアなどの室礼がある。とりわけ，単体の箱モノが，いかに時代の最先端のデザインであっても全体的な景観と調和していなくては，間の欠落した建築空間であり，価値を損なう。豪華で立派な建物・設備・食具などが整った高級ホテルを最高の善とするか，侘び・寂の精神から静寂な茶室を選択するかは，個人の好みに基づく。もてなす側ともてなされる側の嗜好・趣味により，それ自体は大きく異なる。

2）時間（コト）

　おもてなしには時間が大切であり，まさにその時は金なりである。季節・旬をはじめ，曜日，イベントの開催期間，一日でも時分時とのかね合い，もてなされる側の視点から最適になる時間設定が大切になる。おもてなしの方法には，次のような視点がある。

① 時間短縮効果となる速さを競う航空機，ファースト・フード
② 実施期間を限定して開催されるイベント，商店街の大売り出し
③ 時間帯，曜日サイクル，季節サイクル，とくに後者には旬の食材，祭，年中行事
④ 心理的に時間操作で感動させる演出などのテーマパーク，レジャー産業の戦略

3) 人間（ヒト）

　ヒトとの出会いや触れ合いの間合いが人間である。人間はヒト対ヒトの立居振舞いや演者の演技能力が重要になる。基本はやさしさ，思いやりのある人の心の温もりを根幹とし，とりわけ，おもてなしの心を持って「気配り・目配り・心配り」による立居振舞いがある。心あふれるホスピタリティの有無がもてなされる側の評価を左右する。おもてなしというヒトの要素が大切であることを再認識するべきである。

　三間価値という総合的な「間合い」がおもてなしの成否・評価を決定することになるので，非常に重要な要素である。

(3) おもてなしの形

　おもてなしには時機を読み間違えることなく，全体像を把握し，他者との関係性を配慮し，とっさの対処や予期せぬ事態への対応能力が求められる。おもてなしは個々のヒトに内在化しており，比較的に容易に真似できるものから，相当に高度なものまでが含まれている。後者の場合は文字・数値・図形などの媒体を通じてマニュアル化ができず，他者へ伝達・伝承することが困難な高度なものがある。つまり，高度なおもてなしをするには後天的に学習したことだけでなく，むしろ先天的に個が有している独自の気質を発揮して瞬時に対処するという柔軟性や創造性が追加されねばならない。

　しかしながら，人間は他の動物と異なり，学習能力を持ち，その能力と意欲次第で後天的な能力開発が可能になり，かなりの成果が上げられる。それにはまず，決まった形にはめ込む学習からはじめ，それをマスターすることである。

おもてなしの形の基本は、「お辞儀・笑顔・挨拶」の要素をしっかりと体験・会得することが大切となる。

1）挨拶

　他人同士のコミュニケーションを良くする上で、挨拶といった素朴な事柄が大切になる。挨拶は双方の心と心の触れ合う機会づくりになる。挨拶は接客スタッフばかりでなく、一人の人間として生活する上でも大切である。まず、挨拶をするという習慣を日頃から身につけておくべきである。ヒトと出会って開口一番の挨拶の良し悪しで印象が大いに異なる。「おはようございます」という声をかけられてイヤな気分になるヒトはいないし、自分自身も爽やかな気持ちにて1日の仕事が始められる。挨拶は人間関係の潤滑油の役割を果たす。

2）お辞儀

　おもてなし事業のスタッフの基本は、お辞儀という振舞いの形の良否が顧客への満足度を左右することになる。「商人と屏風は曲がらねば立たぬ」という古い諺があるように屏風は広げ過ぎると倒れるように店を広げ過ぎると倒れやすく、そのために曲がった状態が善となる。また商人とは、つねに低姿勢に曲げてお辞儀をすることが大切であることをも意味する。西洋では、握手や抱擁による挨拶があるが、日本には、伝統的にお辞儀として体を折り曲げて礼をする。まず「辞」とは、断る、謝る、詫びる、譲ることである。「儀」とは、たち・ふるまい、礼にかなった行いを意味する。日本人の動作には、規則と慣例に基づくことが必要となる。

　伝統的な日本のお辞儀の基本としては、立ったままでする立礼と、座ってする座礼がある。お辞儀という振舞いは、一般に「真・行・草」、あるいは最敬礼（書道の楷書）、敬礼（中礼：行書）、会釈（草書）などの3つに分けられる。座礼・立礼の場合ともに差がないが、礼の基本は、心にこもった立居振舞いと、理にかなった所作が求められる。座礼では茶の湯の主客間の礼は、真（最敬礼）を基本とし、最も丁重な礼であり、深々と背筋を伸ばし、畳から15cm くらいのところまで頭を下げ、1呼吸か2呼吸おいて元へ戻る。これよりももっと丁寧なものには、前身を伸ばして地面にひれふす「五体投地の礼」が信仰の世界

にみられる。しかし、この礼の傾け方が浅くなるにしたがって略式となり、畳から45cmくらいまで頭を下げると、行（敬礼）となる。両手の指先だけを畳につけて上体を15度くらい傾けると、親しい間柄の人との草（会釈）のお辞儀、さらに略式として目礼をいう場合もある。このようなお辞儀をどのように使い分けるかは、相手、時、さらに場所によって微妙に異なることになる。働く姿がキリッとしている姿勢、また歩き方、時と場合、相手と場所において適宜な挨拶ができねばならない。

客を送り迎えする際、注意するべきことは、従来から三・七の注意が必要といわれている。つまり、お客が来店した時の出迎えの挨拶からはじまり、その応対には、三分の精力を注ぎ、お客の帰りの見送りの際は、七分の細心の神経と精力を傾注し、丁重なお辞儀が必要となるといわれている。すべてが終わり、帰る来客達に対し、感謝の気持ちをいかに表現し、心あふれる立居振舞いをするかが求められる。

3）笑顔

明るい笑顔は、おもてなしをする上で、最も大切な要素の一つである。顔の表情は内面の心を表し、笑顔は相手に思いやりや優しさを伝える。つねにお客との応対はもちろん、将来の客になる不特定多数の顧客に対しても、真（最敬礼）をもってボイス・ウィズ・スマイル（voice with smile）を「眼元、口元・心」から表現せねばならない。つまり「笑う門には福来る」「商は笑なり」、さらに「笑顔は無料、そして最大のセールス・ポイント」でもあることを忘れるべきではない。

(4) おもてなしの形の進化対心の深化

人間の能力開発にはKASという要因が関与する。KASとは知識（knowledge）＋態度（attitude）＋スキル（skill）である。また同様に3H、いわゆる頭（head）＋心（heart）＋手（hands）が三位一体でかかわって能力開発を可能にする。おもてなしの能力開発には、基本的にKASや3Hを開花させねばならない。その場合、立居振舞いという形となるスキル（手・態度）の進化だけではなく、心

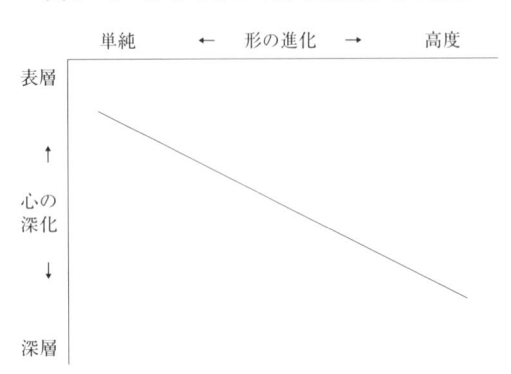

図3-1　おもてなしの形の進化対心の深化

```
         単純　←　形の進化　→　高度
表層
 ↑
心の
深化
 ↓
深層
```

（頭・知識）をも深層へと追求するべきである。豊かな感性を高めるには形と心の両輪でもっておもてなしを稼働することが必要となる。

　図3-1のように進化はヨコ軸に軸足を置き，単純なものから高度なものへと形状・技能が進展することを意味する。他方，深化はタテ軸に軸足を置き，精神・心が表層・外面的なものから深層・内面的へと密度が濃くなることである。十人十色の個性ある人びとに対し，瞬時に最適な判断で，臨機応変な応対が可能となるには，単にスキルを磨くだけでは万全でなく，心自体をも深化させることが必要不可欠である。基本的に，おもてなしの心を充実させるには，次のような段階を経過しながら，進化・深化するものである。

① マニュアルに依存し，もっぱらその内容に従い基礎的な形を学習する。
② 一定の基本的な形をマスターし，おもてなしの良し悪しの判断ができる。
③ 基本の形に独自色が加えられ，個性的な立居振舞いが可能になる。
④ 他のヒトへ基礎的なスキルの指導ができるような心が育まれる。
⑤ 臨機応変に，離れ技のような独自の深化したおもてなしが可能となる。

2. 日本料理と西洋料理のおもてなし
(1) 日本料理対西洋料理
1) 日本の礼儀作法

　残念ながら今日，日本の伝統的な食文化の遺産が次第に失われつつある。かつて京都の料理方法の確立・変遷と時を同じくし，おもてなしの心，礼法（作法）が確立され，独自の食文化を形成してきた。日本の食事の礼儀作法は，基本的に，自然の恵みへの感謝であり，食べ残さず，つくってくれた人への感謝であった。さらに，美味しく楽しく食べるために食事する相手への配慮がなされ，食前・食後の挨拶や食事作法が形成されてきた。とくに，ハレとケの落差や身分階級における差異ばかりでなく，調理法，食事様式，儀式の食事作法などを含めた食文化として礼法を確立してきた。

　日本料理の伝統は，その季節だけに採れる食材・素材の旨みを活かし，自然の色合いを大切にして，器との釣り合いを重視した盛り付けなど，見て楽しく，味わって美味しいことにある。たとえば，客人を迎える際，玄関に打ち水をし，料理に合わせて床の掛け軸を選び，花を生け，器に凝る。客人の五感へ訴求する「総合的なおもてなし」の世界が日本の食文化を形成してきたのであった。

2) 日本料理対西洋料理

　日本料理の基本は主食の飯と副食のおかずからなる。日本料理の献立の基本は，飯・汁・菜・香の物の4点である。菜は煮物，焼き物，向付（むこうづけ），さらに汁を加えて一汁三菜という。その料理の特徴は，食材の持ち味を季節感に合わせる旬を重視し，新鮮な食材はなるべく手を加えず，野菜・魚介類の生食がある。つまり，典型的に日本には刺身文化が存在する。一方，西洋料理は食肉や乳製品を嗜好するという根本的な相違があるといえよう。極論的には，日本人は魚を食べ，西洋人は肉を賞味する。しかし，かつて日本人も鹿，猪などの肉を魚介類と共に，火の使用法を知らなかった古い時代では生で，その後は火で煮たり焼いたりして食べていた。海洋民族である日本人は魚介類を中心に，時には肉をも食していた。しかしながら，仏教が伝来し，動物の殺生が禁じられ，次第に肉食の習慣がなくなった。

日本の家庭の食事法は元来，各人がそれぞれの膳を1人で囲む銘々膳であった。西洋人は複数の人びとが一つのテーブルを囲む方式である。日本人は箸を使用し，椀を使い，その料理の味付けは味噌・醤油でなされる。食べられることに感謝し，料理人にも感謝し，出された食べ物はすべて食することを原則としており，食べ残すことはタブー視されてきた。

　西洋人はナイフ，フォーク，スプーンを用い，皿が主要な食器であり，その料理の味付けは香料（スパイス）が中心である。西洋料理では油脂が使われるが，各国で異なる。たとえば，フランス料理はバター，イギリス料理はたね油，イタリア料理はオリーブ油，ドイツ料理はラード，ロシア料理はサワー・クリームなどである。

(2) **日本料理対京料理**

　文化と料理は重要な関係があり　日本料理は調味料類と共に料理法，食べ物の種類が多様化しており，日本料理の伝統は京都に発達した料理すべての総称を意味する。江戸時代前期までの上層の階層の食べ物は，すなわち，京料理であったといえる。京料理の歴史は，日本料理の歴史の中核をなしている。江戸時代中期以降，大坂や江戸でも独特の料理趣向が成立し　各地の料理の発達に伴い江戸料理などという言葉が使われ，それに対応し，京料理という語が生まれたといえよう。

　京都が誕生する以前の原始古代の食文化を除外すれば，日本料理の原型は，平安時代の貴族社会の大饗料理から本膳料理へ，本膳料理から会席料理という系譜が成立する。とくに，室町時代の武家中心の本膳料理へと受け継がれ，また，平安時代後期になると，禅宗寺院などを中心として生まれた精進料理が芽生え，野菜類の煮物などが料理の中心となった。さらに室町時代には華道・茶道，能・狂言といった伝統芸能文化が確立された。安土桃山時代には，茶の湯が体系化され，京都を中心として茶の湯が普及した。茶の湯の流行に即応し，料理も次第に工夫が施され，江戸中期に懐石の文字があてられた懐石料理が成立するに至った。

一方，鎌倉時代ではいまだ公家の食膳形式を借用していた武士は室町時代になると，武家故実が確立した。武家社会においても格式の高い威厳を正した正式の饗応料理・本膳料理が成立した。江戸時代には武家ばかりでなく，町人の間でも宴会が催されるようになり，またより気楽な宴会用の料理である会席料理が生み出された。これら料理が，今日の日本の食文化の基礎となった。京都の食文化を特徴づけるものとして，表3-2のような日本料理の形態がある。

表3-2　日本料理の形態

種類	概　　要
大饗料理	平安時代の宮中・大臣家の社交儀礼で発達した饗宴の料理様式をいう。
本膳料理	室町時代から武家の饗応料理として発達したもので，江戸時代には本式の日本料理とされ，儀礼的な色合いが濃い料理をいう。
袱紗料理	本膳と会席の中間の料理をいう。
精進料理	禅寺などの寺で，外来者をもてなすために野菜類を中心とした料理である。
普茶料理	茶を酒の代用とした中国風の黄檗派（おうばくは）の料理をいう。
懐石料理	茶道から発した料理。コース式に供される。本来は茶を楽しむためのものである。
会席料理	宴席から発生した酒を飲みながらコース式に供される。

出所）山上徹『京都観光学』法律文化社，2010年，122～126頁を参照作成。

3. 京料理・日本料理における公家対武家

(1) 有職故実

公家は朝廷に仕えた貴族・上級官人の総称である。儀式と文治でもって天皇に奉仕する宮廷貴族などを公家と称した。武家は武士の家筋の総称である。武力で天皇に奉仕する幕府を武家と称した。

有職故実（ゆうそくこじつ）は一般に，朝廷・武家の双方において儀式・礼法・服飾などに関する規則・習慣を理解することを意味する。有職（ゆうしょく，ゆうそく）は過去の先例に関する博識を有する人で，故実（こじつ）は過去の事実・前例に詳しい，つまり，昔からの規則・習慣に精通することを意味する。有職という用語は，平安時代に職の字は識の字で，公の儀礼上・行事上の法式であり，その法式に通達する者，識者を意味した。平安時代の公家社会

の大饗料理，室町時代の武家社会の本膳料理を含めて公家と武家の双方の料理を有職料理という。それが日本料理の原型といえる。

(2) 公家の大饗料理

　平安時代，公家社会で最も儀礼的な饗宴が大饗料理である。大饗には中宮や東宮が行う「二宮大饗」と，大臣家が行う「大臣大饗」があった。大饗料理は台盤（机）の上に並べられたため台盤料理ともいわれた。今日の神に供える神饌に近いものでハレの料理であった。朝廷・公家では年中行事などを祝う宴が催され，公家による大饗料理が生み出された。床子（椅子）に座って食すること，飯の盛り方は椀に高々と盛り上げ，神仏に供える聖なるデコレーションのようにした高盛り飯であった，箸と匙を併用すること，料理数が偶数であることなどから中国の影響を強く受けていた。箸と匙は高盛り飯に突き差して飾られたが，今日では，それはタブーな死者の枕飯の作法といえる。公家の大饗料理は，平安時代に始まった宮廷料理方の生間家，室町時代には四条流，大草流，進士流などがあった。

(3) 武家の本膳料理

　本膳料理は武士のおもてなし料理であった。日本を代表する格式のある正式の武家料理を本膳料理という。本膳料理の配膳形式は，書道における楷書に相当し，正面中央に本膳が置かれ，右に二の膳，左に三の膳，向こう先付け与の膳（四番目は死という忌み言葉を避け），五の膳という複数の膳によって構成され，多くの膳が並ぶハレの饗膳である。しかし，酒はたしなむ程度であった。

　武家の有職故実とは儀式上・行事上の法式をはじめ，戦場で矢を避ける法など武家の儀式全般にわたる儀式上の法式をいう。室町時代になると，武家故実が整い，小笠原・伊勢の両家が特別の地位を占めるようになった。本膳料理の発展に伴って武家方の四条流，生間流などが発展した。生間家は足利・織田・豊臣家に仕え，その後，八条宮家に付された。料理包丁道の秘儀を伝授する『四条流包丁書』が著された。室町時代の武家による礼法の確立が饗応料理の形成

を促した。足利将軍の包丁人大草公次から始まる大草流，また，料理包丁道の秘儀を伝授する細川晴元の包丁人から興った進士流などがあった。

(4) 武家の袱紗料理

一方，本膳と会席の中間の料理を袱紗料理という。正式な武家料理としての本膳料理に対し，袱紗料理は書道における行書に当たる略式料理である。公家や高級武士が，長袴や裃（かみしも）をつけた格調ある儀式から解放された後，普段着の袱紗袴に着替えてくつろいで食事あるいは本膳料理の後にもてなされる料理をいう。袱紗料理の配膳組みは，本膳，二の膳，三の膳で構成され，酒はたしなむ程度となっていた。

4. 社寺における精進料理対普茶料理
(1) 精進料理

精進潔斎（しょうじんけっさい）とは，仏教用語で物忌，つつしむことをいう。殺生禁断の仏の教えのもとに，精進とは，生ぐさい魚食・肉食の食物をさけ，潔斎とは，身を潔らかにし，体を清め，汚れを心身ともにさけることをいう。仏教徒が邪念を交えずに仏道の修行に励むために，美食を戒めて粗食をし，殺生は修羅場を見ることになるという教えによる。

精進料理は鎌倉時代における禅僧らと共に発達した。肉食禁忌を遵守していた禅宗は，一汁一菜を守るなど，食生活の簡素化を標榜した。とくに，喫茶の習慣を採り入れ，禅院の茶礼と呼ばれる飲茶のスタイルを生み出した。また，喫茶の移入と同時に，中国から高度な精進料理の技術が導入された。禅宗では肉食をさけて菜食中心の精進料理が普及したのである。精進料理の特徴は，次のような点にある。

① 材は穀粉加工品，豆腐，納豆，煎り豆などの大豆製品が中心となり，さらに野菜，キノコ，海藻，果物，コンニャク，ヤマイモなども使われた。
② 植物性の食品に手を加えて鳥獣肉に近い食感を出す「もどき料理」があった。

③ 僧侶は早朝の粥座（しゃくざ）と昼の齊座（ときざ）の2食を補うために間食としてお茶受けとしての点心類があった。
④ 味噌を調味料として煮る，煮染める，煎じるなどの加熱調理が多彩に発達した。

　基本的には，精進料理といえば，禅宗系の僧侶が伝えた料理法である．今日，一般家庭での精進料理は，昔から高野詣でや熊野詣でをする人びとから一般庶民へと普及したものであった．しかし近年，仏事法要などのお清めの時ばかりでなく，精進料理は健康食として見直されてきている．

　一般に，野菜の天ぷらを「精進揚げ」といい，精進の期間が終わることを「精進明け」，忌明けと同時に普段の食事に切り替え，肉・魚を食べることを「精進落とし」，さらに精進日に先立ち肉食をすることを「精進固め」と称する．精進料理は，本膳と二の膳で構成され，寺院の多い京都で発達した精進料理の蛋白質類はみな大豆製品で，昔からうまい豆腐は，寺院の近くで製造されていた．湯豆腐は南禅寺の北門そばに立地する湯豆腐・奥丹が良く知られている．

(2) 湯葉料理

　一方，京都は精進料理に必要な食材が豊富なばかりでなく，水が上質という地の利がある．水が良いので，茶の湯も発達し，とくに，豆腐，湯葉といった食材を利用した料理が生まれた．湯葉は濃い豆乳に食用黄粉を少し加えて加熱し，上面に生じた薄皮を引き上げ，金網にのせて炭火で，少しずつ乾燥させた大豆加工品であり，江戸時代に中国から伝えられた．

　湯葉は社寺の門前で多く生産されるようになった．出来たての温かいものを「吸い上げ湯葉」，引き上げ後1時間ほど自然乾燥させた「生湯葉」，干し上げた「干し湯葉」などがある．とくに，最初に引き上げたものを「つまみ湯葉」と称した．最上品の湯葉を利用した湯葉料理は，精進料理には欠かせず，煮物，汁の実，酢の物，さらに寿司の具にもなる．

(3) 普茶料理

　他方，普茶料理は，茶を酒の代用とした黄檗派（おうばくは）の料理のことである。1654（承応3）年，明僧・隠元禅師が来日した時，隠元豆などと共に中国からもたらされた料理である。大徳寺派の精進料理は日本風であり，黄檗派は中国風の普茶料理である。今日，宇治市の黄檗宗の総本山の萬福寺で出される中国風の精進料理が有名である。日本の精進料理と異なるところは野菜や山菜の他に豚肉や鯉，牛乳などの食材を使用する。普茶料理の代表的な品とは，素材を刻んであんかけにした雲片（うんぺん），味付け精進揚げの油慈（ゆじ），季節野菜のあつものの笋羹（しゅんかん），みりん醤油を添えたごま豆腐の麻腐（まふ）などである。さらに，数人で卓を囲み談笑するというスタイルは中国料理の名残といえる。

5. 茶の湯における懐石料理のおもてなし
(1) 茶事のおもてなし対懐石料理
1) 茶の湯のおもてなし

　表3-3のように茶事には時間・時節・趣向により，多様な形態がある。茶の湯における炉の時期は11月から4月末までの時期であり，風炉は5月から10月末が期間という2シーズン制で大別できる。とくに，おもてなしの心が凝縮されているのが，茶事であり，その仕組みは，表3-5のような3段階に区分できる。さらに，表3-4のように茶事における三間のおもてなしが基本的に必要になり，茶事は総合的なおもてなしの芸術といえよう。このような茶の湯を完成させたのは周知のごとく千利休であった。とくに，茶事を通して，一期一会，和敬清寂の精神というおもてなし心を醸成することを説いた。茶事における亭主は最善の「気配り・目配り・心配り」でお客をおもてなしし，一方，お客は素直に亭主の趣向を感じ取る心構えが求められる。亭主と正客はピアニスト2人の連弾のようなリズミカルな流れで茶事を行うことが必要になる。茶室では，亭主のリズムのもと，亭主と正客をはじめ，一座の連客との間にはおもてなしの心が共有・共創されることが大切になる。

表3-3 茶事の種類

趣向	種別	概要
時季	口切	茶壺の口を切り新茶を初めて供する11月上旬
	開炉	風炉から炉を開いた11月上旬
	夜咄	歳暮や冬の夜長に催す午後5時頃,迎付けの際,手燭の交換
	大福	正月元旦の催し,厄除け,福をもたらす
	新春の茶	新春の初釜が催される
	初風炉	新緑の5月頃に催す
	朝茶	真夏の朝,午前6時頃に参会する
	名残	古茶の名残,10月中旬から開炉までの間
時刻	正午	正午に催す昼の会
	前茶	正午の茶事,それより少し時刻を早めた時間
	飯午	朝は午前9時頃,昼は午後2時の参会
	不時	あらかじめ時刻を決めずに催される
趣	跡見	高貴の方,珍客など茶事の跡を見たいと望まれて催す
	残火	茶会の後で,その模様を望む客人に対し,催す
	独茶	親しき客1人を招いて,1客1亭で催す

出所)林利左衛門『表千家流茶道』河原書店,1983年,229~231頁を参照作成。

表3-4 茶事における三間のおもてなし

区分	概要
空間(モノ)	待合・腰掛・露地・関守石・中門・躙口(にじりぐち)・茶席(茶室)・水屋室礼・道具類の取り合せ
時間(コト)	点前・懐石料理の順序・各種の茶事・七事式(花月・且座・茶カブキ・廻り炭・廻り花・一二三・員(数)茶)
人間(ヒト)	一期一会・和敬清寂の精神・正客と亭主との対話・立居振舞い・千鳥の杯

出所)鈴木宗保・宗幹『裏千家茶の湯』主婦の友社,1973年,334~360頁を参照作成。

2) 懐石と食

　一方,懐石料理とは茶の湯の形式に則した食事の形式である。利休時代の茶会記では,茶会の食事はただ「会」とのみ記されており,本来は会席料理と同じ起源であった。安土桃山時代以降,茶の湯が体系化されるに伴い,江戸中期頃から料理屋茶屋の会席料理と区別するために茶の湯では「懐石」名が付けられるようになった。

表3-5　茶事の仕組み

初座（前席）	①床荘（掛物）②初炭　③懐石
中立	客一時露地の腰掛けまで立ち出ること
後座（後席）	①床荘（花）②濃茶　③後炭　④薄茶

出所）堀内宗完『茶事の心得』主婦の友社，1987年，73～76頁を参照作成。

　「懐石」という言葉は，禅僧が懐に温石（おんじゃく）を入れ，空腹と寒さを紛らわしたという故事に由来する。修行中の禅僧が寒さや空腹をしのぐ目的で温石を懐中に入れたことから，客人をもてなしたいが食べるものがなく，せめてもの空腹しのぎにと温めた石を渡し，客の懐に入れておもてなしをした。懐石とは寒期に蛇紋岩・軽石などを火で加熱したもの，温めた蒟蒻（こんにゃく）などを布に包み懐に入れる暖房具を意味する。茶を喫する前に空腹を癒すために適度の料理を食する。これが懐石料理の起源とされる。つまり，一時しのぎ，茶の前に出す軽い食事である。したがって，お酒を飲んで懐石料理をお腹いっぱいにいただくのは，現代風の懐石料理であり，本来の，茶を楽しむ前の料理は「茶懐石」として区分されている。

　天正（1573～1592）年間には堺の町衆を中心としてわび茶が形成されており，その食事の形式として一汁三菜（あるいは一汁二菜）が定着した。これは『南方録』でも強調され，「懐石」イコール「一汁三菜」という公式が成立する。また江戸時代には，三菜を刺身（向付），煮物椀，焼き物とする形式が確立する。さらに料理技術の発達と共に，「おてなし」が「手間をかける」ことに繋がり，現在の茶道や料亭文化に見られる様式を重視した「懐石」料理が完成した。

3）茶事のおもてなし

　「お茶会」と「お茶事」は違う。「お茶事」は，一昼夜行うこともあり，「お茶会」は，ただ単に，お菓子を食べ，お抹茶を飲むことを指す場合をいう。

　茶事における亭主のおもてなしの心得は，本来は季節の旬の食材で，海の幸，山の幸を上手に組み合せ，自分で調理しながら，タイミングを考えて給仕することにある。客の心得は，正客に合わせて連客も相伴をし，出された料理を冷めない内に賞味することである。

茶事は，表3-5のように初座・中立・後座の3部形式から成り立っており，両座の中間に「中立」がある。初座の前の段階では，身づくろいをする「寄付」，連客の集まるのを待つ「待合」で湯茶などがふるまわれ，その後，正客を先頭に露地に進み，「腰掛け」にて待つ。亭主の招きに応じて茶室の躙口（にじりぐち）から躙入り，初座が始まる。主客の挨拶，床荘の掛け物について挨拶し，初炭手前・拝見があり，その後，「時分どきですから，粗飯を差し上げとう存じます」という亭主の挨拶で，「懐石」に移る。とくに，お客が小吸物を頂いた頃，亭主は海の幸・山の幸の珍味が盛られた八寸（杉木地で作られた酒の肴になるものを2種盛る四角の器）が出され，八寸をお客向けにして左手に持ち，右手に燗鍋をもって席に入り，正客前に座る。三献（三度目の酒）となり，図3-2のように順次繰り返されて献酬・千鳥の杯が行われる。その後，菓子を食べ，中立となる。

　懐石料理は基本的に，一汁三菜で，見て美しく，味わって奇なるものでなく，酒も軽くたしなむのである。茶の湯の懐石に関係する茶・菓子・酒には，表3-6のように三大食が有名である。

表3-6　日本の三大食（茶・菓子・酒）

種	品名・都道府県名，ただし銘菓は製造元と菓子名		
三大銘茶	宇治茶（京都府）	狭山茶（埼玉県）	静岡茶（静岡県）
三大銘菓	山川（松江風流堂）	越の雪（長岡大和屋）	長生殿（金沢森八）
三大饅頭	薄皮饅頭（福島県）	大手まんぢゅう（岡山県）	志ほせ饅頭（東京都）
三大銘醸造地	灘（兵庫県）	伏見（京都府）	安芸西条（広島県）

出所）http://ja.wikipedia.org/wiki日本三大を参照。

(2) 懐石料理の八寸対千鳥の献酬

1) 懐石料理の八寸

　日本の献酬の原型は，茶事における懐石料理の八寸で見られ，懐石の最高潮を演出する料理である。一辺が八寸（約24cm）の杉の木の四方の盆には海の物（魚類）と山の物（精進物）の2種の食材が盛られている。亭主と客が酒を

酌み交わし，歓談するための大事な肴（さかな）である。八寸の向側に海の魚類，手前に精進の山の物を盛る。自分が使用した杯で相手に酒を勧めるのが献酬で，それに対するお返しが返杯である。お腹のもたれない程度の食事とお酒を亭主自らの采配と給仕によっておもてなしをし，また正客もその亭主の心遣いを至上のものとし，主客相互に心を一つにし，交流を深め合うために「お流れ頂戴」を行う。

2）千鳥の献酬

献酬は，図3-2のように亭主と客が次々に杯をやりとりし，再び正客と亭主が杯を交わしたところで納杯となる。これは交互に渡り歩く形になっており，千鳥足に似ているから千鳥の杯という。杯を頂くということは目上の老人が杯を目下の若者にささげるが，双方相手を思いやる「長幼の序」の精神が大切である。懐石の八寸のおもてなしの献酬は，相互主義の原則で行われることが望ましい。しかし近年，このような日本的なおもてなしの心を表す献酬という行為はかなり乱れてきている。

日本の習慣において婚礼をはじめ，師弟の杯，親子の杯，茶事の懐石（千鳥

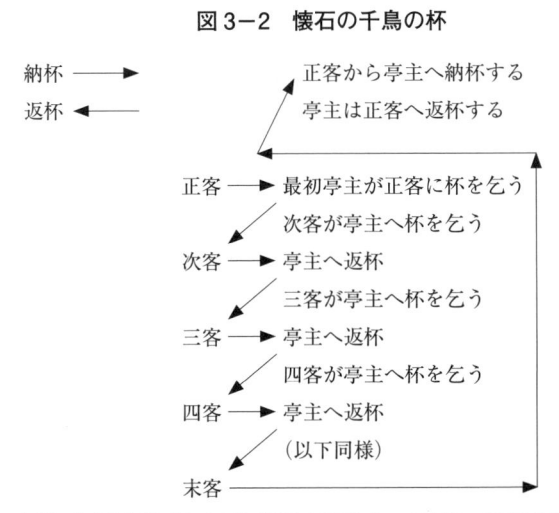

図3-2　懐石の千鳥の杯

```
納杯 ──→         正客から亭主へ納杯する
返杯 ←──         亭主は正客へ返杯する

正客 ──→ 最初亭主が正客に杯を乞う
         次客が亭主へ杯を乞う
次客 ──→ 亭主へ返杯
         三客が亭主へ杯を乞う
三客 ──→ 亭主へ返杯
         四客が亭主へ杯を乞う
四客 ──→ 亭主へ返杯
         （以下同様）
末客
```

出所）林利左衛門『表千家流茶道』河原書店，1983年，270頁を参照作成。

の杯）などの際，一座建立し，親交を深めるために一つの杯で酒（お神酒）を飲み交わす共飲の献酬が行われてきた。目下の若者が目上の老人に対し，尊敬の気持ちから「お流れを頂戴致します」と杯を頂くという長幼の序の精神が大切である。杯を頂戴した後は，口をつけた杯を杯洗（はいせん）ですすぎ洗い，懐紙で拭いて返杯することが礼儀作法である。

表3-7　懐石料理対会席料理の相違

懐石料理	会席料理
①茶事の料理	①茶事なし
②茶を美味しく飲むための料理	②酒宴を中心にした料理
③最初から飯と汁が出る	③最後に飯と汁が出る
④1つの器を客が順次，取り回す	④各々の器で料理が出る
⑤器は手に持って食べる	⑤器は手に持たなくても良い
⑥走りよりも最盛期の旬を使う	⑥旬よりも珍しい走りを使う
⑦素材そのものの味を尊重する	⑦珍しさを活かした人工的な味
⑧主役となる料理がない	⑧主役となる料理を中心に組み立て
⑨大根等のけん・つまを使わない	⑨刺身に大根等のけん・つまを使う

出所）日本観光協会編『テーブルマナーの本　日本料理』柴田書店，1998年，60頁を参照。

(3) 懐石料理対会席料理

　懐石料理と会席料理とは，表3-7のように単に漢字が違うだけではなく，その趣旨や料理の中身をはじめ，それぞれ料理を1品ずつ運んでくる際，その順番には決まりがあるという点である。

1) 懐石料理

　懐石料理は茶の湯の席で，お茶を飲む前にふるまう料理のことである。茶懐石とも呼ぶ。懐石料理は，基本的に表3-8のように豪華さ，珍しさよりも，最も美味しい最盛期の旬（盛り，名残）の食材を使い，味わうことにある。季節性というメッセージは食材ばかりでなく，器の文様にも季節感のあるものを用いたりして，膳の中へ季節感を盛り付けるのである。懐石料理を食する作法は，茶の湯の各流派によってそれぞれ厳しく決められている。利休の侘びの精神では懐石料理は「食は飢えぬほどで事足りぬ」を建て前とした。それは日常

の食事量よりも少ないが，空腹時に濃茶を飲むことは身体的にも，良くないとの配慮がある。禅寺では朝は粥座，昼は齊座の1日2食を原則とし，正午以後は食することが禁じられていた。夜に入り空腹のしのぎの薬として，身体の温まる程度の食を「薬石」と称していた。この精神的な戒めが加わり茶の湯での料理に「懐石」という文字が当てられたのである。

表3－8 旬の区分

時期区分	利用料理	特　　性
走り物	会席料理	初物で，季節の到来を先に味わう。 珍しい初物が歓迎される。
盛り物	懐石料理	最も美味しい最盛期の食材を味わう。
名　残	懐石料理	出盛りを過ぎた末期の季節をいとおしむように味わう。

2）会席料理

　会席料理とは昔，武士や貴族が宴会でお客をもてなすために出した本膳料理をルーツとする。書道における「草書」にあたり，食味を主体とした気楽に酒宴向きの饗応料理として始まった。一般には，会席料理は，人びとが集まる会合の宴席に供される表3－8のように走りの旬の料理で，食味を中心とした酒を飲むための肴で構成される。会席料理についても，吸い物，刺身，煮物，焼き物といった一汁三菜が基本であり，さらに料理の品数が増えると一汁五菜，二汁七菜などになる。

6. 会席料理における食材とあしらい
(1) 食材の旬対出世魚
1）旬の料理

　旬という字は太陽（日）を10回めぐらすことを意味する。中古朝廷で旬儀という年中行事があり，毎月1日，11日，21日に天皇が臣下から政務をきく儀式があった。後に4月1日（孟夏の旬）と10月1日（孟冬の旬）だけとなった。各旬には季節に最も適した物やその時期に最も味の良い食べ物が支給され

た。たとえば，孟夏の旬の扇，孟冬には氷魚（こまい）を贈る風習があった。このような風習が，次第に，魚・果物・野菜などの食べ頃の時季を旬と称するようになった。

　日本の料理自体は日本の気候風土と先人の知恵によって継承されたもので，日本の四季に深いかかわりがある。日本列島の気候や地勢の特殊性から日本の四季はあざやかなメリハリを示す。そのため，日本人は季節だけに採れる食材，旬のものを調理する精神を大切にしてきた。日本に四季があることは，季節ごとの旬を認識できる。日本には「旬の食べ物」が絶えることなく存在する。

　しかし，今日，流通している野菜・魚介類の多くは1年を通じて入手できる時代となり，現代人にとって，旬とは何かと疑問を持つかもしれない。とはいえ，日本人には野菜・魚介類が季節を告げる食材という想いが強く，旬の野菜・魚介類の持つ底知れない魅力や愛着心は変わらない。

　そのような旬を細分化すると，表3-8のように旬の出盛りよりも少し前，つまり，季節を予感・連想させる出始め，走り物が話題性に富むので，酒宴の会席では好まれる。しかし，ニュースでも古くなった旬の出盛りでは，話題性に乏しいが，抹茶を主とする懐石料理では本来，空腹を癒す程度を食し，また，食材は旬で珍しい走りを使用せず，旬の出盛りや名残を重視し，真の季節感を味わうことになる。

2）食材の旬

　旬を感じる俳句の春・皐月頃とは「目には青葉（視覚），山ほとゝぎす（聴覚），はつ松魚（鰹・味覚）」（山口素堂）の時節といえる。青葉の頃のカツオの味わいは香り高くさっぱりとし，刺身やたたきをはじめ，照り焼きや煮物が美味しい時期である。とりわけ，早春から初夏の時期では北上中の上りカツオはたたきで，初秋の三陸沖でたっぷり餌を食べて南下中の下りカツオまたは戻りカツオは脂ののりが良く刺身で食すると美味しい。また，近年，冷凍技術が進み，市場に流通する期間が長いが，サンマ（秋刀魚）は秋を旬とする魚である。サンマは夏季にオホーツクを起点に千葉・銚子沖を秋に通過するが，寒さに耐えるように脂肪がほど良くのって塩焼きをはじめ，刺身，蒲焼きなどが美

味しい。

　今日，野菜・果物などはどれも年中食卓をにぎわし，調達することが可能になり，食材の季節感がなくなりつつある。しかし，懐石料理などの場合，つねに盛りの旬の食材を調理し，おもてなしすることが基本である。とはいえ，今日，土用の鰻，正月の数の子などは商戦で恒例の売り出し行事として，商業主義が蔓延し，過大に演出され，高値になり過ぎているような場合がある。

3) 出世する「運・鈍・根」の食べ物

　人生の成功には優れた資質が必要であるが，しかし，それだけでは決して実現しない。「運・鈍・根」という「ン」の3つが求められる。「根気・気力・根性」という粘り・努力でもって時代の流れに追い風となる「運」を強い味方にし，さらに，器用貧乏の逆で，己の能力を過信せずに「適度の鈍感さ（鈍感力）」を心がけることが秘訣である。その際，食事上の注意には，「ン」が2回使われる食材を食することである。それを心がけると，よりたしかに出世が可能になる。2回の「ン」が付く食材，たとえば，ナンキン（南瓜・中風除け），ニンジン，ギンナン，キンカン，カンテン，ウンドン（うどんの古名），レンコン（見通しがきく）の7種は「運・鈍・根」の食材である。それらを食すれば，必ずや一味違う人生が訪れよう。

表3-9　出世魚（ブリ）の関西，関東，北陸の呼び名の変化

ブリ出世魚	稚魚（20cm）	若魚（40cm）・（60cm）	成魚（100cm）
関西	ツバス	ハマチ・メジロ	ブリ
関東	ワカシ	イナダ・ワラサ	ブリ
北陸	コゾクラ	フクラギ・ガンド	ブリ

出所）http://www.db.is.kyushu-u.ac.jp/fish/old/buri-j.html を参照。

4) 出世魚

　表3-9のように食材に対する旬と出世魚とは共に時節・時期の推移で変化し，成長する。根つきと呼ばれる回遊をしない魚がいる一方，海流に従って回遊する魚が日本列島に多くいる。日本では北から親潮（千島海流）とリマン海

流という寒流が流れ込み，南から暖流である黒潮が太平洋側に，日本海側に黒潮の支流の対馬海流が流れ込んでいる。これらの海流に魚介類が回遊し，旬を迎える魚が多い。出世魚は子供の成長や知人の栄進を祝福する際，贈呈用として購入されることが多い。たとえば，表3-9のようにブリ（鰤）はアジ科の青背魚で，成長に伴い名称を変える出世魚である。川柳に「ぶりははまち，元はツバスの出世魚」といわれている。また，スズキ（鱸）は成長とともに1年魚・20cm以下のコッパ，セイゴ，2年魚をフッコ，3～4年以上をスズキと変化する。

　ブリは近年，九州や四国で養殖された物が市場に多く出回っている。しかし，天然物は晩秋から冬期に日本海で漁獲されている。呼び名の変わる出世魚は成長すると名称ばかりでなく，風味も変わり，美味しい旬を迎えることになる。たとえば，ブリを食材とした料理には刺身をはじめ，しゃぶしゃぶ，かぶら寿司，さらに，ブリ大根などがある。

(2) 料理の「つま」対「けん」

1) つま

　刺身のあしらいに使うものの総称がつま（褄）である。つまには，海藻，芽じそ，穂じそ，大葉など（芽づま・立てづま・敷きづま・添えづま）をはじめ，殺菌効果のあるワサビ，しょうがなどの「辛み」，「けん」（剣）の3つを包括する。とくに，つまを狭義でいえば，一般に刺身のつけあわせとして添える海藻・野菜類などといえる。あしらいの総称となるつまとは，単なる見た目だけの飾りではなく，魚特有の生臭い味を消し，香りや辛みを添えるという役割をもっている。とくに，このようなつま自体を食すると，消化力を高め，栄養的にも良いので，原則として残さず食するべきである。

2) けん

　けん（剣）は，主に刺身などの「敷きづま」を意味する。けんは元来，料理のあしらいもの，添え物の役割に過ぎず，存在そのものは影が薄い。たとえば，大根を細い千切りにしたり，かつらむきにしてから縦に細く切ったり，さらに

かつらむきにしたものを巻き戻して横に切ったりした白髭だいこんである。それらを水にはなすと、しゃりっとする。また、きゅうり、キャベツ、白菜なども、けんとして代用される場合が多い。

7. 京料理における大徳寺弁当対松花堂弁当
(1) 大徳寺弁当
　京料理は味・色・形・器・盛りつけにいたるまで、繊細な心配りが込められている。弁当においても、コンパクト化した懐石料理ともいえ、京料理の本質を備えながら、低廉な価格で味わうことができる。
　大徳寺弁当とは京都の大徳寺で使われている四方角切縁高弁当箱をいう。昔、大徳寺で、菓子などを盛る楪子（ちゃつ）と称する器に、禅宗で用いた木型で抜いた定量の飯を盛った物相飯（もっそうめし）や小さいおにぎり、煮物、焼き物などを形良く盛り合わせる、点心（間食をとって心に一点を加える程度の料理）に由来する。臨済宗大徳寺派の大本山で、京都五山の一つである京都紫野の大徳寺で用いられていた弁当である。大徳寺縁高という弁当箱に入れて出される料理である。松花堂弁当に比べると、大徳寺縁高は仕切りがなく、箱型でかぶせ蓋がついた縁の高い弁当箱である。

(2) 松花堂弁当
　江戸の初期の茶人松花堂昭乗（1584～1639年）が好んで使用した箱に由来する。昭乗は農家が作物の種などを入れるために使った田の字の形に仕切った箱をいくつも手許に置き、絵の具箱に用いたり、薬を入れたりタネを入れたりして、使用していた。また、茶の湯の用具として再生させたといわれている。しかし、松花堂昭乗自身が弁当を考案したのではないという説がある。昭和の初め、この昭乗遺愛の箱を見て、大阪の料亭・吉兆の主人、湯木貞一氏がこれに料理を盛りつけてはと考えた。松花堂弁当は大徳寺縁高よりもやや平たく、低く、内は田の字の形に仕切りが入っており、その区分けした1ヵ所または2ヵ所に小皿を組み込むのである。この弁当が大ヒットし、松花堂弁当が全国に広

まった。創作した吉兆はその松花堂弁当を松花堂庭園内でも提供しており，新名所となっている。

表3-10　京料理・日本料理におけるおもてなしの強み対弱み

	強　み	弱　み
ハード (モノ)	①四季の観光資源の存在 ②四季の食材（野菜）の存在 ③もてなしする場所・室礼の存在	①料理の量的な不満 ②食材の価値への不満 ③高価格への不満
ソフト (コト)	①こだわりの料理技法の伝承 ②おもてなし技法の存在	①淡白な味付け・味覚への不満 ②厳格な食事作法への不満
ヒューマン (ヒト)	①極上のおもてなし心 ②伝統的な生活文化の存在 ③革新を求めるベンチャー精神	①表面は柔らかく，内面が判らない外柔内剛 ②薄情の口上手・横柄な態度 ③やんわりと遠回しで，イケズ（意地悪）

出所）山上徹『現代観光にぎわい文化論』白桃書房，2010年，92頁を参照作成。

8. 京料理・日本料理における「強み」対「弱み」

(1) 強み

日本料理とは，素材や調理をはじめ，それを盛る器や卓，食する場の室礼，季節，景色，さらにおもてなしする人びとの立居振舞いや言葉などすべてが総合化されたものである。西洋や中国の料理は香辛料や油を使って食材に人工的な手を加え，より美味しくすることにあるが，日本料理は手を加えずに素材の良さを引き出すことにある点が異なる。

京料理は，まず，ハード面では千有余年の歴史に基づく，懐石料理や名物料理が存在している。また，ブランド価値の高い食材が存在し，かつ室礼では時節を考慮しておもてなしする。さらに，こだわりの料理技法やおもてなし技法が構築されている。伝統的に緻密なおもてなしを実践してきている総合的な強みがある。

中国や欧米の料理方法は素材を加工するところに力点があるが，日本料理法は素材そのものを活かし，とくに，食材の旬を最大限，活かす。表3-10のように日本料理，とくに京料理は，京野菜という食材の良さを活かし，四季の変

化，その季節だけに採れる食材，旬のものを調理する精神や技法が発達してきた強みがある。

とりわけ，京都の食文化は食の素材，素材の加工法，素材の調理法の工夫ばかりでなく，さらに季節感，雰囲気の演出などが配慮されている。たとえば，ハードでは器への配慮，おもてなしする場所の室礼，ソフト面では盛りつけや演出が適切であれば，料理に対する楽しみ方にも幅が出て，非日常的な食体験となる。さらに，その土地の雰囲気が加わることにより，とくに接客する人びとの心温まるおもてなしにおける差別化が実践されている。

京都では懐石料理をはじめ，多くの名物料理があり，また，中国料理，フランス料理，イタリア料理，さらにエスニック料理などもあり，多様に食が確保されている強みがある。滞在中に，日本料理だけを毎回，食するという必要性はない。

(2) 弱み

日本料理に対し，一般に，料理の種類が多いが，量的に少なく，味の淡白さを指摘する外国人が多い。とくに，料金が高いと感じれば，リピーターとなる可能性は低いという弱みがある。また，箸による食事作法のこだわりを避けたいと感じる人びとも多い。京都で生活すると，接客態度は非常に丁重であるが，反面，薄情の口上手・横柄な態度をする人びとも多い。やんわりと遠回しで，イケズ（意地悪）される場合がある。京都人は本音をいわず，曖昧で不透明であると批判されており，それは時に京都の弱みとなる。しかし，日本料理の味が淡白だということに対し，「健康」「長寿」という強みへと転換が可能となる。

今日，洋食の日常化が進み，多くの日本人は本物の日本料理を食べたいという潜在的なニーズがある。とくに，京都の観光客には純日本的な生活へ回帰したいという欲求心が高まっている。そのような欲求もあり，京料理の強みが発揮できる。日本人にとっては丁重な立居振舞いで，極上のおもてなしといった日本伝来の生活習慣・作法や日本料理そのものが異文化体験となる。それは日本人ばかりでなく，外国人にとっても京料理への関心が高く，評価されている。

とくに，日本料理は世界の先進国の人びとからヘルシーな健康食としても，高く評価され，見直されている。

それゆえ，京料理の強みを大いに発揮し，かつ弱みを強みへと転化するために修正・改善することが必要になる。それはおもてなしを直接，実践する接客スタッフばかりのことでなく，広く一般市民も，弱みを強みへと転化するというおもてなしの心を醸成することが大切となる。

【参考文献】
石川寛子・芳賀登監修『食文化の領域と展開』雄山閣出版，1998年。
石毛直道監修『食の文化第5巻　食の情報化』農山漁村文化協会，1999年。
江馬務『有職故実』河原書店，1992年。
岡田哲『食の文化を知る事典』東京堂出版，1998年。
全国料理業生活衛生同業組合連合会和宴文化研究会編『おもてなし学入門』ダイヤモンド社，2007年。
滝沢馬琴「羇旅漫録」『日本随筆大成1』吉川弘文館，1975年。
日本観光協会編『テーブルマナーの本　日本料理』柴田書店，1998年。
林利左衛門『表千家流茶道』河原書店，1983年。
久松真一『南方録校訂解題』淡交社，1975年。
村井康彦『京都事典』東京堂出版，1979年。
山上徹『京都観光学』法律文化社，2010年。
http://www.db.is.kyushu-u.ac.jp/fish/old/buri-j.html

第4章
年中行事のおもてなしと食文化

1. 季節と年中行事
(1) 暦対二十四節気

　合理的で規則正しい現代社会においては，すべてが事前に予定され，予測されることになる。多くの場合，時刻・暦による生活の時間編成によって行動が規定されている。われわれの生活は，なぜ昨日も今日も明日も同じであってはならないのか。つまり，人間は現状維持よりも，なぜ，つねに前進しようとするのであろうか。

　年月日という時間単位は，それぞれ地球の公転周期，地球の自転周期に由来する。時間はラテン語でTemp´であり，とくに時間を支配する神がいるところが神殿（temple）となる。年中行事は基本的に，一年を単位とし，暦日に基づいている。その神が農作業の年中行事，つまり作物の種子を蒔く時，収穫の時などの暦象を示した。暦，英語のCalendarはラテン語のCalendae（宣言する），Calare（呼ぶ）に由来する。太陽暦が導入される前の古代ローマにおいては，祭司が月の満ち欠けを観測し，各月の第1日目に市民を召集し，祝日がいつかを宣言したのが，カレンダーの語源である。わが国では，1872（明治5）年11月9日の太政官布告第337号により，太陰暦が廃止され，太陽暦となった。太陰暦では月が地球を1周する新月（あるいは満月）から次の新月（あるいは満月）までの朔望月（さくぼうげつ；29日半）を1ヵ月とし，29日と30日を交互に並べかえたもので，12朔望月が1年となる。しかし，実際の1年よりも11日短いのが欠点であった。1年11日の誤差が生じるため，3年ごとに

同じ月を2度重ねて閏月を置いた。立春節の年始（元旦）が2月4日前後となる。一方，太陽暦はローマ法王グレゴリオス13世が改良制定したので，グレゴリー暦と称されている。地球が太陽を1周することで1年とした。日本では旧暦明治5年12月3日をもって新暦明治6年1月1日と定め，1ヵ年365日を12ヵ月に分かち4年ごとに1日の潤年が巡るものとなった。

　地球の公転によって1年の時間が生まれ，1日の時間が成立する。しかしそれだけでは，単に歯車の回転を表すものに過ぎない。時間が存在するには，人間という「主体」が周辺の物理的・自然的・社会的あるいは経済的環境などの客体となんらかの関係を結ぶことにより時間が流れ始めることになる。

　暦は単に日を示すという役割だけでなく，1年間の季節を示し，生活や農作業の時期を示唆している。それに対し，1年間を24等分（15日間毎）し，季節を表す二十四節気（二十四気）がある．二十四節気は日付が毎年変動する。表4-1のような目安にて変動するので，その中心日付を入れて示した。

表4-1　二十四節気（月日は太陽暦）

春	立春 2月4日	雨水 2月18日	啓蟄 3月6日	春分 3月21日	清明 4月5日	穀雨 4月20日
夏	立夏 5月6日	小満 5月21日	芒種 6月6日	夏至 6月21日	小暑 7月7日	大暑 7月23日
秋	立秋 8月8日	処暑 8月23日	白露 9月8日	秋分 9月23日	寒露 10月8日	霜降 10月23日
冬	立冬 11月8日	小雪 11月23日	大雪 12月7日	冬至 12月22日	小寒 1月5日	大寒 1月20日

出所）佐々木輝雄『年中行事から食育の経済学』筑波書房，2006年，34頁を参照。

(2) 十二支対陰陽五行

1) 十二支

　十二支は古代中国，殷時代に日の順序を定めたことから始まるが，12年で天体を一周する運行を基本とし，動物の名称で配置と万物の流転の状態を捉えた。表4-2のように十二支は，「子（ね）・丑（うし）・寅（とら）・卯（う）・

辰（たつ）・巳（み）・午（うま）・未（ひつじ）・申（さる）・酉（とり）・戌（いぬ）・亥（い）」の総称である。それは動物の名称でストーリーとでもいうべきリズムで暗唱されているが，表4-2のような十二支と季節ばかりでなく，年，月，日，時を表している。たとえ自分の年齢は忘れたとしても，誕生年の干支（えと）は覚えている。干支とは，天体を12等分した十二支であり，自分の生まれた年だけでなく，一年を刻む月々，日々のリズムをもたらす。十二支は時刻や方位をも表す。

表4-2　四季と十二支

春	寅	うごくで，草木の発生する状態
	卯	卯（ぼう）は繁るで，草木が地面をおおう状態
	辰	振うで，陽気が動き，卯簿巳がきらめき，振動し，草木が伸長する状態
夏	巳	巳（や）むで，万物が繁盛の極にある状態
	午	さからうで，万物に初めて衰微の兆候が起こりはじめた様
	未	味わうで，万物が成熟して滋味を生じる様
秋	申	うめくで，万物が成熟して締め付けられ，固まる様
	酉	縮むで，万物が成熟期に達し，縮む状態
	戌	滅びで，または切ることで，万物が滅びる状態
冬	亥	とじるで，万物の生命力が凋落し，すでに種子が内部に確立される様
	子	ふえるで，新しい生命が種子の内部から萌え始める状態
	丑	からむで，芽が種子の内部でまだ伸びない状態

出所）神崎宣武『日本のしきたり冠婚葬祭・年中行事のなぜ』ダイヤモンド社，2008年，110頁を参照。

2）陰陽五行

　陰陽説は月や星の動き，社会の動き，人間の活動や精神の働きなど，この世の森羅万象をまとめて解釈するために生み出された統一的な原理である。あらゆるものは陰と陽の2つの働きによって生成されている。表4-3のように陰陽の思想は月が陰であれば，太陽は陽，男が陽であれば，女は陰，昼が陽であれば，夜は陰，物事に消極的な陰・偶数とし，積極的な陽・奇数の二面性があるとした。万物は対照的な異なるもの同士（陰と陽）によって成り立っており，両者は他者を排除するものではなく，相互に依存し合い，共生によって成り

立っている。

　陰陽五行の思想では,「四神相応之地」という地相として東に青竜,西に白虎,北に玄武,南に朱雀が配される。地形状のシンボルは東に川,西に大道,南に池,北に山・岩の土地の存在である。四神に基づいて町や家を建てれば災厄を逃れることができるとされた。たとえば,桓武天皇は794年,長岡京から平安京を遷都するにあたり,四神相応の土地という思想に基づいており,京都では,東の鴨川,西に山陽（山陰）道,北に船岡山,南に巨椋池（おぐらいけ,1941年干拓）の四神が存在し,吉相と出て選地されたのであった。

表4-3　象徴的な陰と陽

陰（－）	月・夜・暗い・寒い・重い・柔らかい・悲しい・遅い・地・あの世　女
陽（＋）	太陽・昼・明るい・熱い・軽い・堅い・喜び・速い・天・この世　男

出所）稲葉慶環・山田凰聖『気学・方位学』知道出版,2011年,19頁を参照。

3）五気

　天文,暦,易学の考えに基づく陰陽道は,自然や人間関係の吉兆を知るための占いとして日本の宮廷でも受け入れられた。この陰陽の思想は日本の年中行事,祭礼,農業の基礎原理となっていた。たとえば,平安中期の陰陽博士である安倍清明は星座が急変したことを察し,平安時代中期の第65代花山天皇（在位；984～986年）の退位を予知したとされる。晴明は,当時,陰陽の大家として権威をふるってきた。陰陽五行では天と地,陰と陽の2大元気が交合した結果,表4-4のように地上には「木・火・土・金・水」の5元素である五気が生まれた。その読み方の最後に陽は「え」とし,陰は「と」となっている。五行が陰陽に分かれて十干（じっかん）となる。正月の神である歳徳神がいる方角を恵方という。恵方は明（あき）の方,吉方（えほう,きっぽう）,天徳（てんとく）などともいう。その方位はその年の十干によって決まり,その年の縁起の良い方位をいう。その方向に向かって行くと,万事に福があるという。その方角にある神社仏閣を年初に参詣することを恵方詣でという。家の恵方に神棚を設けて今年の豊穣を祈る。恵方棚では松を立て,神酒,塩,昆布,鯣（す

るめ）などを添えて神祭りをする。

　五気が陰陽に分かれ，宇宙の森羅万象に配置され，人間生活のさまざまな場面を律している。五気は東西南北に配置し，東には青龍・木気で，青と春にちなみ人生の春が青春，青年となる。相撲の土俵では五気の配置にならい，東は青房，西は白房が飾られている。

　ちなみに，1007（寛弘4）年に，京都の晴明神社は一条天皇によって清明の邸跡に創建された。その境内にある「清明井」では，清明の念持力により病気平癒の水が湧き出したと伝えられている。

表4-4　陰陽五行と十干

五気	陰（-）	陽（+）
木	乙（きのと）	甲（きのえ）
火	丁（ひのと）	丙（ひのえ）
土	己（つちのと）	戊（つちのえ）
金	辛（かのと）	庚（かのえ）
水	癸（みずと）	壬（みずのえ）

出所）稲葉慶環・山田鳳聖『気学・方位学』
　　　知道出版，2011年，22頁を参照。

2．時間価値と年中行事
(1) 時間サイクル対価値
1）時間サイクル

　「時は金なり」という諺があるように現代，時間の価値が高まっている。たしかに人間は昔から時刻・暦のサイクルを重視してきた。宇宙・地球の時間的経過の恩恵に浴しながら，時間を基軸として人間は生活してきた。人間は太陽と空気の恩恵に浴しながら生き，また四季折々に実る穀物・果物・魚介類，多くの動植物を摂取してきた。昔から日本人は時間をテーマとし，時間を知的刺激の源としてきた。とくに日本人は世界中で最も時間を厳格に守りつつ，かつ遊び心をもって活用する国民でもあった。しかも今日，時間は節約・効率化するばかりでなく，それをいかに有効に活用するかが望まれている。人間は時の

流れを知覚し，その時間価値を創造することができる。

　京都においては季節・時間を基軸とした行事は古くから行われてきた。宗教都市・京都では本山が中心となって季節・時間を基軸として行事が行われている。京都の祭，年中行事に関しては，期間限定，限られた日時など多彩な時間設定で開催されている。京都の人びとにとって年中行事は季節があるから行事が巡ってくるのではなく，行事があるから季節がやってくるという。毎年変わることなく繰り返し，続けられてきた京都の年中行事は，連続的で定常的な時間サイクルが感じられる。京都は時間サイクルのなかで，幾重も時代を越えて鍛えあげられてきた年中行事がある。

2) 時間価値

　昔から日本人は無邪気な楽しみ，春の桜の花，秋の月・菊，冬の初雪を眺めたり，虫の啼き声の音を聴いたり，和歌や俳句を詠んだり，盆栽いじりをしたり，生け花や茶の湯に耽ったりすることで，優雅な時間価値を楽しんできた。

　日本人は世界中で最も時間を厳格に守り，かつ遊び心をもって活用する国民でもあると自負できる。日本に四季があることは，季節ごとの旬を楽しむことができる。旬の出盛りよりも少し前，つまり，季節的な連想に一番大きく働きかける出始め，走りの時節が話題性に富む。京都の旬の野菜ブランドは，季節の恵みを感じさせる。四季折々の新鮮な野菜が京の食文化を支えてきた。

　何回もの戦乱を経験した京都人の時間感覚は，たとえば，「戦争」といった場合，何時の時代の戦争と答えるであろうか。多くの日本人のそれは精々，1931（昭和6）年の満州事変か，1941（昭和16）年の大東亜戦争と答えるであろう。しかし京都では戦いとは，幕末の1864（元治元）年，長州藩兵と御所九門を固めていた薩摩・会津を主力とする諸藩隊との間に起こった「蛤御門の変，禁門の変」か，あるいは，1467（応仁元）年から77（文明9）年の11年間にわたる大乱で京都が焼失・荒廃した「応仁・文明の乱」までも遡る人びとが多い。日本人の多くは，それらの戦いは昔々の過去の日本の歴史上の出来事と考える。しかし京都の人びとの「戦い」の歴史感覚は今日に至るまで子孫代々へと語り伝えられ，その戦いは長い時間サイクルながらまざまざと生き続け時

間価値を有しているといえよう。

　しかしながら明治維新以降，欧米にキャッチ・アップするために，日本人の意識感覚は新しいものはいつも善であり，優であり，古きものはいつも悪であり，劣ると認識し，文明開化が進められた。また戦後の日本の近代化の方向性は，もっぱら経済合理性への追求にあった。欧米化，それに衣を着せて和洋折衷様式による欧米の模倣化を推進してきた。ひたすら欧米を最善の見本とし，それを模倣せんがために欧米から日本へ伝播・移植させることが最善と考えられてきた。明治以来，生産優先主義が標榜され続けてきた。しかし，ようやく昨今，日本人は自己のアイデンティティとは何かを自覚できる生活のゆとり感が持てるようになり，21世紀は心の時代であるといわれるようになった。

表4－5　祭の神事

神　　事	概　　要
依り代（よりしろ）	神霊が降臨する際に媒体となるもの。三種の神器，キリコ，人，岩石，樹木などさまざまな種類がある。
神饌（しんせん）	神社や神棚に供える供え物で，生のまま供える生饌（せいせん）と調理した熟饌（じゅくせん）がある。
幣帛（へいはく・みてぐら）	玉串，布帛，酒食，神に奉献する供え物の総称であり，木綿，麻，絹などが用いられる。幣帛の尊称が御幣帛，略して御幣という。
直会（なおらい）	祭儀の後に神饌を神と人との共食・共飲で，霊的に交歓する。

出所）http://nomepage3.nifty.com/youzantei/mitisirube/jinja_yougo.html を参照作成。

(2) 年中行事

　年中行事は一年の間で決まって行われる儀式をいう。自然の恵みを受け，自然と共に生きる日本人の生活感には，自然への感謝・願いから年中行事が行われてきた。古より日本では八百万の神々が存在し，山川草木には「神」が宿り，それを畏れ，敬ってきた。目に見えない大自然の霊力を持つ神ゆえに人は神を畏れ，神を祈った。元来，姿や形もない神に感謝するためのハレなる祭が催される。祭は，まず神を迎え，心意，共食の直会，最後に神送りの行為が行われ

るという一連の迎え・送りの神事である。

　表4-5のように神の座する場所・神が宿る所を依り代とし，また，ご神体とも称した。神棚に供える食べ物を神饌といい，酒は神への重要な供え物である。酒とはサ（神）ケ（食べ物）を語源とする。さらに祭では村びとと神とが共食・共飲するという直会が行われる。

　日本では，神が降臨する目印・依り代の代表格には三種の神器がある。それは本来，天孫降臨の時の天照大神から授かり，皇位継承のしるしである「鏡・剣・玉」の宝物を指す。しかし現代では，拡大解釈され，表4-6のように三種の神器は生活・業種・時代などにより，また，それぞれの立場から必要不可欠な三種の道具・商品などを意味するようになっている。

　年中行事として祭の日とは，ハレの日であり，日常的なケの日々とは異なる食事をし，晴れ着を着て仕事を休み，ケガレ（ケの涸れた状態）を克服し，心も身も，リフレッシュさせる。

表4-6　各種の三種の神器

対　象	三種類
本来　三種の神器	鏡・剣・曲玉
三具足	香炉・燭台・花瓶
大　工	曲尺・手おの・墨つぼ
茶　室	茶入・掛物・茶碗
高度成長期	電気冷蔵庫・電気洗濯機・テレビ
昭和50年代の3C	カー・クーラー・カラーテレビ
現代中流の上意識	英国製の背広，スイスの時計，フランスのライター

出所）http://ja.wikipedia.org/wiki 三種の神器などを参照作成。

　日本人は太陽を信仰し，月を愛で，邪を祓い，身を清め，禊（みそぎ）をするために神に祈り，数々の年中行事を継承してきた。基本的には，個人ではなく，家を基礎単位とし，さらにそれを越えた生活の場を共にする利害集団（村組織，同族，年齢集団，講，宮座など）が単位となっていた。家や村の老若男女をすべて取り込み，生活のメリハリを配分する年中行事は，次のような区分

が考えられる。
① 一年単位の伝承行事
② 季節や生産の節目に行われる行事
③ 神祭をするハレの日の行事
④ 拘束性を伴う村単位による共同の行事

表4-11のように日本の年中行事は，農耕を中心とした集団生活のリズムを背景とし，今日でも民族大移動となる正月，盆の帰省，四季の祭や結婚式，葬式の習俗に，そのリズムが受け継がれている。日本人は芽生え，色づき，咲き誇り，そして枯れ，散ってゆく四季折々の変化によって美意識や信仰心を育んできた。

しかし，現代日本では一般家庭の年中行事への関心が家単位とした季節サイクルというよりも，むしろ個人志向型に変化している。現代家庭の年中行事は「結婚記念日，夫婦・子供の誕生日」などといった個々の家庭内における個人的な行事へと，もっぱら関心が移ったといえる。

とくに，近年，多くの若者は日本の伝統的な家・村単位の年中行事に関心がなく，多くの年中行事は廃れてしまっている。しかし，われわれ日本人は先人が育んできた知恵を再認識し，地域風土の中に生き続いてきた日本文化を再評価するべきではなかろうかと考える。

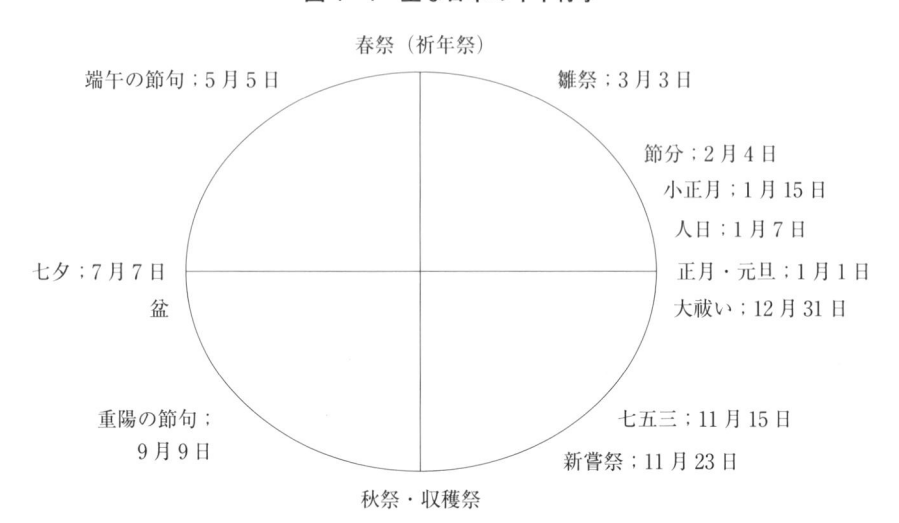

図4-1 主な日本の年中行事

- 春祭（祈年祭）
- 端午の節句：5月5日
- 雛祭：3月3日
- 節分：2月4日
- 小正月：1月15日
- 人日：1月7日
- 七夕：7月7日
- 正月・元旦：1月1日
- 大祓い：12月31日
- 盆
- 重陽の節句：9月9日
- 七五三：11月15日
- 新嘗祭：11月23日
- 秋祭・収穫祭

3. 正月における年中行事と食文化

(1) 飾り対室礼

1) 門松

　門松は正月に家の門口に立てる松で，松飾り，門の松ともいう。表4-5のように古くから門松の松は歳神を待つ依り代であり，すぐに変色するような樹木では神の依り代として不適切である。常緑の松が不老長寿の樹木として最適とされてきた。また，竹も緑の葉を絶やすことなく，また竹の子が出ることから子孫繁栄に通じると，笹竹を立てるところもある。本来は植物の松というよりも，正月の到来を指折り数えて「待つ」ことにある。門松は明治以降，東京を中心に広まった風習である。

　門松の形態や材料は地域によってそれぞれ異なる。また餅についても同様，正月に松飾りとして飾らない地方もある。年末のうちに飾り付けを済ませるのが通例で，また取り外す日は正月7日あるいは15日の場合が多く，その期間が松の内である。

2）注連飾り

　注連縄（しめなわ）飾りは正月などに，家屋の入り口，門松，床の間や柱に飾る。神が降臨した神聖な場所を示している。本来は1本の縄であったものが多様化し，装飾的になり，現在見られるような形となった。注連飾りは，輪飾り，大根じめ，牛蒡（ごぼう）じめなどがある。また，注連縄に裏白，橙，譲り葉が飾られるのが一般的である。しかし，それは地域によって異なる。注連縄とは占め縄であり，神が縄の内部を占有するという意味がある。しめ縄は本来，内と外とを分け，災い，不浄なものの進入を防ぐ結界であり，神社などの清浄な空間・聖域にはり巡らされたものである。

3）室礼

　室礼は飾りや調度をその場にふさわしく整えることを意味する。室礼自体の漢字表記は，「室礼」，「鋪設」，「補理」，「室禮」などがある。室は室内であり，イエでもあり，「礼・禮」は社会の秩序を保つための生活規範全体を意味する。日本の家屋の座敷には室礼の舞台である「床の間」がある。平安時代以降，正月，節分，雛祭，端午，重陽などのハレの儀式の日に，寝殿の母屋および庇（ひさし）に季節の節目にふさわしい調度品などを立て，室内を装飾することに由来している。

　一般的に床の間は座敷の畳より，一段高く，床柱があり，掛け軸が掛けられ，生け花が飾られる。座敷に坐し，床の間に向かう時，床柱は人びとと天頂とを結びつけており，日本人の家屋には高い精神性が背景に存在する。室内の座具も，上座，下座という秩序感を作り上げている。

(2) 正月飾り対鏡餅

1）正月飾りの材料

　鏡餅は床の間や神棚に供える餅であり，鏡餅も歳神の依り代である。また，表4-7のように正月飾りの材料には新年を迎える喜びを表し，縁起を担いだ先人の心・知恵が受け継がれている。

表4-7　正月飾りの材料

食　材	概　要
橙（代々）	果実が冬に黄熟しても落ちずにいるので，代々家が続くという縁起物である。何代もの実が一つの木になるので，長寿の家族に見立てられ，めでたいとされている。
ゆずり葉	新しい葉が出てから古い葉が落ちることに由来し，親子草ともいう。家督を親から子へゆずり，代々続くことを願う気持ちが込められている。
裏白	常緑の歯朶（しだ）で，葉は年齢，朶は枝を意味する。葉の裏が白いことから白髪になるまでという長寿の願いや古い葉が落ちず，新芽が重なって生ずるので家族の繁栄をも意味し，左右に開く大きな葉は諸向（もろむき）といって，夫婦仲が良いことを意味する。
串柿	嘉来（かき）の字をあて，喜びが来ることを意味する。また，甘（うま）しものとして供え物にふさわしいともいわれている。
四手（しで）	和紙に3ヵ所切り口をいれて折られたものをいう。稲穂の垂れ下がった姿を表し，御幣，紙垂を意味する。四手は豊作を願う神事にも用いられる。
穂俵（ほんわら）	穂俵（ほだわら）が変化した語で，実が米俵に似ていることから，稲穂と米俵になぞらえて豊作祈願の意が込められている。
昆布	悦ぶ（よろこぶ）に通じ，めでたい広布（ひろめ），夷子布（えびすめ）でもある。

出所）永田久『年中行事を科学する』日本経済新聞社，1994年，14～17頁を参照作成。

2) 鏡餅

　鏡餅とは，神供用の丸くて平たく形づくった餅のことで，お供え，お鏡をいう。鏡餅という名は，古代の円形の鏡に由来する。本来，歳神に供える餅で丸い形は円満，福を招くといわれた。正月には2段重ねる鏡餅の色は白白の地域が多いが，金沢（石川県）では上が紅，下が白の紅白の鏡餅を飾る。昔から神仏の祭には餅を供える風習があった。古く，鏡は神の依るところと考えられ，神事に使われ宗教的な意味合いのものであった。

　鏡餅を供える場所は，近年では住宅事情により多様化しているが，床の間や神棚，仏壇，年棚である。三方に奉書紙を垂らして敷き，ゆずり葉と裏白をのせ大小2つの鏡餅を重ね，その上に橙の他，串柿，昆布などが飾られる。しか

し，飾り方も地域や家によって異なる。

　鏡餅が床飾りになった時期は建築様式が寝殿づくりから書院づくりへと移り，床の間が設けられるようになった室町時代以降である。武家社会では武家餅（具足餅）といって，鎧兜などの具足を室礼，その前に鏡餅を供えて家の繁栄を願うようになった。

　さらに，供えた餅を下げる日を鏡開きという。1月11日に行う所が多く，鏡あげ，オカザリコワシとも呼ばれており，餅をたたき割って雑煮や雑炊にして食する地域が多い。正月に鏡餅を供えるが，しかし，地域によっては，正月の儀礼食として餅を用いず，芋や麺類を用いている所もある。

(3) 関西対関東の雑煮とウナギ

　古来，政治と軍事は東国，宗教と文化は西国という「武の東国，文の西国」と対比されてきた。そのため，関西人の目線からは，一般に関東人の気質は万事にがさつであり，おおざっぱであると批判される。地域性や住民気質を色分けするには，科学的な裏づけがあるわけではない。しかし，単純化して双方を理解するのには便利であると考える。

1) 雑煮

　表4-8のように関西と関東では料理法が正反対になることが多い。正月の祝儀では，関西の大福茶と江戸の福茶がある。大福茶は元日から15日までの節日で梅干・大豆・山椒の3種に限定されるが，通常は出花の茶プラス小梅干・昆布が入っている。年頭の雑煮自体は歳神と共に食する直会を意味する。

表4-8　関東対関西の雑煮とおせち料理

区　分		関東（中部以東）	関西（近畿以西）
雑煮	餅の形	角餅	丸餅
	汁	しょう油	白みそ
	餅の調理法	焼いてから煮る	煮る
おせち料理	代表的な食材	黒豆，数の子，ごまめ	黒豆，数の子，たたき牛蒡（ごぼう）

出所）宮本又次『関西と関東』青蛙房，1989年，85頁を参照。

正月，京都の大方の家庭では白味噌雑煮（丸小餅，かしらいも，雑煮大根，小芋）で，また，御節料理としてごまめ，たたき牛蒡（ごぼう），数の子という3種を盛りつけ，家や家族の人生の夢を託する。さらに3ヵ日，箸を付けない「にらみ鯛（塩焼き）」を飾る風習がある。表4-8のように関西では，白味噌仕立て，丸餅・小芋・焼き豆腐・大根・乾鮑を入れて煮る。関東では，切り餅を焼き，小松菜を加え，鰹節を用いた汁である。

2）ウナギ

　ウナギのさき方は関西と関東では反対である。関西では町人のためウナギはハラサキで，料理のスピードが早い。しかし，ウナギの蒲焼きは頭をつけたまま，長いまま何匹か並べてクシで刺し，素焼きでタレをつけて焼くので時間がかかる。関西風はもの自体の味を逃さず，脂がのこって味は濃艶であり，皮はかたい。ともかくサキ3年，クシ打ち3年，ヤキ一生というように蒲焼きづくりの年季は永いといわれている。大坂ではウナギを「う」といい，すっぽんを「まる」といっている。さらに，ウナギめし・ウナギ丼を「まむし」と称していた。それはウナギを飯にまぶして食べるから「まむし」となった。

　東では武士社会で切腹をイメージし，背ザキにし，まず焼いて蒸して，もう一度焼く。江戸風の焼きは油を抜いてあるので，あっさりとやわらかいが，脂肪がぬけているため，ものたりないということになる。ウナギの蒲焼きは近年，関西でも関東風の焼き方が多くなり，変化してきている。さらに，江戸前とは品川の御台場付近で獲れたウナギが一番とされ，浜御殿（今の浜離宮）の辺で獲れたものが本場物とされていた。しかし，明治末期，寿司が普及し，寿司時代となり，江戸前といえば，寿司となり，ウナギのお株が奪われている。しかし近年，江戸前の寿司のネタの多くはほとんど江戸前で獲れなく，世界各地から輸入されているものである。

4．年末における除夜の鐘対年越しそば

(1) 除夜の鐘

　大晦日の晩には全国の寺で除夜の鐘が鳴らされる。除夜とは古い年が押しの

けられる夜で,大晦日・12月31日の晩である。人びとは行く年,来る年に想いを巡らせる。鐘の数は108で,それは人間の煩悩（ぼんのう）の数である。煩悩とは「心身を煩わし悩ます一切の妄念」のことで,身を悩ます心の動きである。除夜の鐘には,心を汚す煩悩にまどわされることなく,新年を迎えるために一つひとつの煩悩を取り除くのである。108の煩悩とは,以下のように計算される（永田久『年中行事を科学する』251-253頁参照）。

① 人間は六根という6つの感覚器官,つまり,目（色）・耳（声）・鼻（香）・舌（味）・身（触）・意（法）を持っている。その際,三不同,つまり,「好・平・悪」の受け取り方ができる。それを感受する度合いには,「染・浄」の2つに分けられる。そのすべてが過去・現在・未来の「三世」にわたって人を煩わし,悩ます。

6 × 3 × 2 × 3 ＝ 108
（六根）　（三不同）　（染浄）　（三世）

② 人間の六根には,三不同という「好・平・悪」の受け取り方以外に,三受という「楽・捨・苦」の感じ方がある。そのすべてが過去・現在・未来の「三世」にわたる。

6 × （3 ＋ 3）× 3 ＝ 108
（六根）（三不同）（三受）（三世）

③ 一年は12ヵ月あり,一年には二十四節気,七十二候がある。
12 ＋ 24 ＋ 72 ＝ 108

このように人間には人を悩まし,迷わす煩悩が合計,108あるという。除夜の鐘は108の煩悩を洗い清めるために行われる。

(2) 年越しそば

日本人とそばの旬・季節感サイクルを分類したのが表4-9である。季節感を中心とした多様なそばが販売されている。とくに,「引っ越しそば」は「末長くよろしく」という挨拶と同じである。また,年末の晦日をおおつごもりという。12月31日の年の最後の月末,大晦日には「年越しそば」を食する。ソ

表4-9　時間（季節）を基軸としたそばの名称

時期	そば名	イメージ
春	山菜そば・おぼろそば	おぼろ月夜をとろろで演出
夏	ざるそば	ざる自体で清涼感を表現
秋	月見そば	たまごで満月を表現
冬	にしんそば	ほんのりした温かさとボリューム感
年末	年越しそば	除夜の鐘の風情と細く長くの縁起

出所）三家英治『マーケティングとは何か』晃洋書房, 1993年, 235頁を参照作成。

表4-10　日本の三大麺類と七味唐辛子

種類	品名・都道府県名		
三大そば	戸隠そば（長野県）	出雲そば（島根県）	わんこそば（岩手県）
三大うどん	水沢うどん（群馬県）	稲庭うどん（秋田県）	讃岐うどん（香川県）
三大ラーメン	札幌ラーメン（北海道）	喜多方ラーメン（福島県）	博多ラーメン（福岡県）
三大七味唐辛子	やげん堀（東京都浅草寺門前）	七味家（京都府清水寺門前）	八幡屋礒五郎（長野県善光寺門前）

出所）http://ja.wikipedia.org/wiki 日本三大一覧を参照作成。

バは金を吸い寄せるという俗信, また, 細く長いので, 寿命や身代が長く延びる。来年も幸せをそばからかきいれるという説, さらに, そばの実が三角形であり, その三角は邪気を払うという縁起に基づいている。

年越しそばは薬味に「葱（ねぎ）」を入れる。葱は心をやわらげるという意味の「労ぐ（ねぐ）」に通じる。また, それが祓い浄める神職の「禰宜（ねぎ）」ともなって一年の汚れを払いぬぐって心やすらかに新年を迎えるという味覚と語呂合わせともなっている。年越しそばを食べ残すと, 来年は小づかいに事欠くといわれている。

(3) 二八蕎麦

　表4-10のように日本における三大麺類の名物の格付けがある。そばについては, 街角のそば屋の看板で,「二八蕎麦」と表示されているのを見かける。

この 28 とは 2 × 8 で 16 文というそばの値段を表しているという説と，原料配合の割合がそば粉 8 に対し，小麦粉 2 を示しているという説がある。つまり，今日でも，つなぎの入らない純粋なそばのことを「生蕎麦」と表示し，高品質表示の名残がある。二八蕎麦とは原料配合の割合を示していたのではなかろうか。100％そば粉の生蕎麦を昔から「蕎麦掻き」とも称してきた。また，小麦粉が入ったつなぎものは「蕎麦切り」と呼んだ。しかし，一般にその切りの字が省略され，単に二八蕎麦を「そば」というようになったのであろう。

5. 年中行事における社寺対家元・宗家
(1) 社寺の年中行事

京都の一年間の諸行事で代表的な月別のものを挙げれば，次のようなものがある。

1月：蹴鞠始め（下鴨神社），2月：大儺の儀（平安神宮），3月：ひな流し（下鴨神社），4月：花街の踊り（祇園甲部歌舞練場等），やすらい祭（今宮神社），5月：葵祭（下鴨神社・上賀茂神社），三船祭（車折神社），6月：京都薪能（平安神宮），7月：祇園祭（八坂神社），8月：大文字の送り火，9月：石清水祭（石清水八幡宮），10月・時代祭（平安神宮），鞍馬の火祭（由岐神社），11月：曲水の宴（城南宮），嵐山もみじ祭（嵐山），12月：顔見世（南座），おけら参り（八坂神社）などが開催されている。

しかし京都の諸行事に共通なことは，信仰上の儀式であり，必ずしも来訪者の参加を期待するものばかりではない。基本的に，それらの年中行事の多くは来訪者に対し，「見る，学ぶ」欲求を充たすに過ぎず，多くは人びとの質の高い自己実現欲求までも充たす感動を与えるものではないといえよう。

(2) 宗祖の大遠忌・御遠忌

遠忌とは仏教諸派で，宗祖や中興の祖などの 50 年忌以降，50 年ごとに遺徳を追慕する報恩の法会である。仏教国日本の宗教的な首都である京都は，知恩院，東西の本願寺などの各宗派の大本山がある。このように各本山の年中行事

表4-11 日本の伝統行事と伝統的な食

月	行事	料理	行事食の意味
1月 1～3日	正月	おせち料理, 雑煮	歳神のお迎え, 豊作祈願
7日	人日	七草粥	健康
11日	鏡開き	おしるこ, ぜんざい	歳神への感謝
第2月曜日	成人の日		記念の祝い
15日	小正月	小豆粥, 赤飯	
2月 3日	節分	福豆, 恵方巻	健康, 厄除け
11日	建国記念日		記念と祝い
14日	バレンタインデー	チョコレート	交流
3月 3日	桃の節句	寿司, はまぐりの吸い物, 白酒, 菱餅, ひなあられ	健康・成長
14日	ホワイト・デー	キャンデーのチョコレートのプレゼント	交流
21日	春分の日	おはぎ, だんご	先祖のお迎え, 鎮魂
4月	花見	花見団子	先祖のお迎え, 感謝
5月 5日	端午の節句	柏餅, ちまき, しょうぶ酒	健康・成長
7月 7日	七夕	そうめん	先祖の鎮魂, 収穫祭
	土用	ウナギの蒲焼き	健康
第3月曜日	海の日		記念・繁栄
8月	お盆	団子	先祖のお迎え, 鎮魂, 感謝
9月 9日	重陽の節句	菊酒, 栗飯	健康・長寿
7～10月8日	十五夜	月見団子	豊作・感謝
23日	秋分の日	おはぎ	先祖のお迎え, 鎮魂
10月	十三夜	月見団子	豊作の感謝
第2月曜日	体育の日		健康
11月 15日	七五三	千歳飴	健康・成長
23日	新嘗祭（にいなめさい）	新穀で作った食べ物, 餅, 赤飯, 神酒	感謝・祈念
12月 22日	冬至	カボチャ, 小豆粥	迎春の期待, 健康
25日	クリスマス	ケーキ	感謝
31日	大晦日 除夜の鐘 大祓い	年越しそば	歳神のお迎え, 感謝・祈念

出所）川端晶子『食生活論』建帛社, 1992年, 59頁を参照作成。

表4-12 京都の文化活動と時間軸の行事

対 象	開 催 内 容
社 寺	冠婚葬祭の年中行事・年忌，大遠忌，特別拝観，縁日・古書・ボロ市等
芸 能	年中行事・年忌，公演・公開等
大学・学校	学内外の年中行事，各種の学術会議等
市民・諸団体	祭，キャンペーン・イベント・コンベンション等

出所）山上徹『観光の京都論』学文社，2010年，120頁を参照。

の際，入洛する人びとが多い。またそれぞれの開祖の年忌記念，大遠忌の事業・法要などの際，全国各地から団体参拝者が多数来訪する。

　表4-12のように京都の各本山は，それぞれの大遠忌，すなわち開祖の年忌記念の事業を行い，法要などの行事を営んで，全国からの団体参拝の善男善女を集める。この現象は，京都がまさに信仰の世界のハブであり，僧侶・信徒らはつねに本山をハブとして全国のスポークから羨望されている。京都の宗教施設では信仰の名のもとに京都の市民の何倍もの人びとが入洛した。地方の信徒にとって本山の威光へと参詣することが一生の念願となる。その諸行事には，スポークからハブへ団体参詣で上洛するのであった。地方の信徒の上洛の契機で最大のものは，宗祖・開祖および開山などを追慕する50年，100年単位の遠忌や開帳などである。

　たとえば，1961（昭和36）年1月に，京都知恩院において，法然上人750年大遠忌が実施され，続いて4月には，東西の本願寺において，親鸞上人の700年大遠忌・御遠忌（前者・西本願寺，後者・東本願寺）が営まれた。また，このような現象は50年後の2011年は法然上人，800年大遠忌や親鸞上人の750年大遠忌・御遠忌のため，多くの人びとが京都へと入洛したのであった。

　各社寺それぞれが信徒を中心に集客の成果を挙げてきた。それは日数・時間を限定し，その時間がより大きな価値，希少性を有することになり，一時に集中的な上洛数を高める結果となる。まさに既存の文化施設を活用し，期間を限定し，信徒，観光客を誘引してきた史実が多くある。そのような社寺の行事が周期的に開催され，社寺が入洛の機会をコントロールしてきたのであった。社

寺などの場所で繰り広げられる年中行事が内外の人びとを京都へと吸引するパワーとなってきた。

(3) 家元・宗家の年中行事

　茶道・華道・能・狂言・踊り・笛・尺八などの諸派の家元・宗家が京都から年中行事を発信しており，国内外のスポークの弟子らからハブ京都への憧れを高めることになる。京都では，茶道だけでも表千家，裏千家，武者小路千家の三千家をはじめ，藪内流などの多くの流派からなる家元がある。また，煎茶道もあり，さらに華道は池坊からはじまって，嵯峨未生流，桑原専慶流など，約30もの華道流派の家元があるという。

　京都の年中行事の歳時記は，もともと公家・武家の有職故実（儀式や法令，服飾などに関する昔の公家・武士の規則・習慣）や社寺における諸行事として引き継がれてきた。京都では歌舞伎・茶道・華道・能などの芸能関係機関が多くあり，多くの行事が毎年，周期的に開催されており，集客力を発揮してきている。

　さらに，京都の宗教法人・芸能関係機関は私立学校を経営しており，多くの学生を国内外から集めている。とくに毎年秋期から春期の一定期間にかけて多様化した入試が行われているために，国内外各地から多くの受験生が上洛することになる。さらに，修学旅行生の入洛するシーズンは毎年，特定の月に集中・固定化していることは周知の事実である。しかし，社寺をはじめ，伝統芸能機関においては，各種の年中行事を開催し，今後とも，集客力を高め，京都がにぎわい続けるには，最適なマーケティング戦略を展開することが必要不可欠となる。

(4) 家元・宗家の年忌

　京都では，1591（天正19）年2月28日，豊臣秀吉の怒りをうけて死に赴いた茶道の祖・千利休の年忌などが催され，全国から多くの弟子らの入洛が起こる。まず『南方録校訂解題』（久松真一，淡交社，323頁）によれば，利休大居

士第三回忌辰（1593年2月28日）が内輪ながら執り行われた。その後，記録的には二十年忌（1610年），五十年忌（1640年），百年忌（1690年），百五十年忌（1740年），二百年忌（1790年），二百五十年忌（1840年），三百年忌（1890年），三百五十年忌（1940年），四百年忌（1990年）の祖霊供養が執り行われた。その際，三千家では，利休遠忌大法要ならびに献茶式などが盛大に催され，全国から弟子らが続々と入洛したのである。

6. 京都における社寺の年中行事とおもてなしの目線の転換

(1) 社寺行事の集客力

　京都では社寺の吸引力が高いばかりでなく，時代差・時間差を忘れさせる生命力あふれる年中行事がいまなお，開催されている。また季節感を堪能・満喫できる食文化などの非日常体験による「触れ合い，学ぶ，遊ぶ」ことが可能になる。たしかに，京都は日本人にとって心のふるさととして，羨望されてきた都市である。長年にわたり各種の祭，年中行事などは宗教上とはいえ，独善的に拝観の意図的制限，特別拝観日を設定し，さらに高圧的な拝観料の設定を可能としてきた。しかし京都への来訪者は拝観料・入場料の過大な負担を強いられるにつけ，次第に京都への入洛回数を減らし，遠ざけることが起こりうる。

　国内の多くの観光地では，従来，京都の年中行事の魅力度，質の良さから太刀打ちできないと，暗黙の恐れをもって諦めていた。しかしながら，近年，新たな異質の観光資源が開発・蓄積されるようになった。全国各地の観光地では時代にかなったいろいろな観光施設をオープンさせている。そのため，京都への観光客の求心力が弱まってきている。もはや京都中心的な発想の考え方だけでは集客力を高めることが困難になっている。

(2) もてなされる側の目線への転換

　年中行事の活性化策としては，時間を軸にして「市場創造，調整活動」するタイム・マーケティング戦略というソフト面の革新化が必要となる。その場合，顧客（観光客・来訪者）のニーズを最優先するべきである。そのためには

過去・現在・未来へと流転する時間軸を調査・分析・予測しつつ，観光客のニーズを配慮し，適時性を最大限尊重するタイム・マーケティング戦略を統合的・全体的に展開することが望まれる。見る側と行事を主催する側との間にヒューマンな信頼関係を共有し合うべきである。

　たとえば，京都の年中行事の多くはカミ・ホトケのいない単なるイベントではなく，歴史的にも神仏の存在を前提にして継承されており，いたずらに諸行事の開催日は変更できないことは十分に理解できる。しかし，その諸行事において，今日まで内容や開催日は絶対的に「不易・変わらないもの」であったであろうか。その多くは時代に適合しつつ，修正・改正・改変を繰り返してきた史実が物語っている。たしかに，伝統的な多くの行事は宗教行事ゆえに，安易に変更することは慎むべきかもしれない。しかし主催する側は見る人，市民の存在があったから今日まで継承できたという側面を謙虚に評価せねばならないのではなかろうか。今後，社寺側の高圧的な考え方だけでは集客力が持続できず，もてなされる側の目線を重視し，年中行事においても最適な時間・場所を設定するようなタイム・マーケティング戦略を展開するべきであろう。

　観光客の余暇時間における非日常体験日とはどのような曜日であろうかを考えるべきである。もてなす側（主催者）からもたなされる側・顧客（見る人・市民）の目線へと転換するには，行事の開催日を週末・祝日などへと変更することを提起したい。それらの曜日は当然，平日はありえない。日本人の多くの人びとは今後，ますます週末，祝日3連休などに旅行に出かけることになる。

3）市民のおもてなしの心

　年中行事の開催中には直接・間接的に観光客と市民との出会い，交流が予測される。そのため，市内では，随所で思いやりや心くばりを徹底することが大切である。いわゆる見る側と主催する側，さらに市民全体が共通の感動・喜びを共有し合うというおもてなしの心，ホスピタリティ・マインド（hospitality mind）が大切になる。つまりパートナーシップ，相互主義による親密な信頼関係は，単なる見る側と主催する側ばかりではなく，京都市民も広く関係していることを認識すべきである。とくに市民全体が観光客を温かくおもてなしする

という意識改革が望まれる。「京都の人は本当に親切だ」と心から観光客が感動するならば，恐らく再度，京都へ来訪することになるであろう。

　以上，年中行事の活性化策において，社寺側では「見せてあげる」という発想ではなく，いうまでもなく「見て頂く」という発想を忘れるべきではない。大勢の観光客が京都に滞在中に心あふれるおもてなしに感動するためには，年中行事の開催曜日などを見直し，時間を軸にしたタイム・マーケティング戦略が再構築されることが必要であると考える。

【参考文献】
稲葉慶環・山田凰聖『気学・方位学』知道出版，2011 年。
川端晶子『食生活論』建帛社，1992 年。
桑田忠親『山上宗二記の研究』河原書店，1991 年。
佐々木輝雄『年中行事から食育の経済学』筑波書房，2006 年。
周国強『中国年中行事冠婚葬祭事典』アスカ，2008 年。
全国料理業生活衛生同業組合連合会和宴文化研究会編『おもてなし学入門』ダイヤモンド社，2007 年。
永田久『年中行事を科学する』日本経済新聞社，1994 年。
久松真一『南方録校訂解題』淡交社，1975 年。
松下幸子『祝いの食文化』東京美術，1991 年。
宮本又次『関西と関東』青蛙房，1989 年。
柳田國男監修『民俗学辞典』東京堂出版，1985 年。
山上徹『京都観光学』法律文化社，2010 年。
山上徹『京都の観光学』学文社，2010 年。
山本三千子『室礼おりおり』日本放送出版協会，2009 年。
吉田光邦『京都往来』朝日新聞社，1982 年。
渡辺富美雄・村石昭三・加部佐助『日本語話題事典』ぎょうせい，1991 年。

第5章
五節句と冠婚葬祭のおもてなし

1. 四季と五節句の行事
(1) 四季の変化対五節句

　日本では，表4-11に示したように農耕を中心とした集団生活のリズムを背景にし，今日でも民族が大移動する正月，盆の帰省，四季の祭や婚姻・葬式の習俗に，そのリズムが受け継がれている。人びとは毎日の生活を何となく過ごしているが，そこには一定のリズムが存在する。

　四季が鮮やかな国土である日本，たとえば，山紫水明の京都では，春には春の花が咲き，鳥が啼く。夏の雲，秋には秋の草が生い茂り，虫の声を聴きながら，さらに冬の冷たい雪が降り，春夏秋冬の変化がある。この一年間，巡りくる季節の風物，海山で獲れた食料を含めて，自然，とくに春夏秋冬の季節の変化に相応するように，農耕のリズムに基づき神様と付き合いが行われてきた。

　日本人は草木が芽生え，色づき，咲き誇り，そして枯れ，散ってゆく四季おりおりの変化によって美意識や信仰心を育んできた。日本人は花鳥風月，雪月花を愛し，自然に恵まれた日本の四季を讃えてきた。「花の生命は短く」というように「花は黙って咲き，黙って散ってゆく，そして再び元の枝に帰らない。けれどもその一時一処のすべてを託している」。また清少納言は，「春は曙，夏は夜，秋は夕暮」，紀貫之は，「花になく鶯，水に住む蛙の声」と時節に生けるものを歌心で示した。

　中国の詩（劉廷芝）に，「年々歳々花相似たり，歳々年々人同じからず」とある。つまり，自然は月日とともに姿を変え，また季節が巡ると再度，その美

しい姿をよみがえさせるのである。四季は毎年同じように巡るが，しかし人間は年ごとに変わる宿命にあることを忘れるべきではない。

　節句は季節の変わり目である節日（せちにち），節会，節供（せっく）ともいう。節句は，一年のうちでも，重要な神祭の日であり，ハレの日であり，休養日である。節句の「節」とは，唐時代の中国の暦法で定められた季節の変わり目を意味する。この中国の暦法と，日本の農耕を行う人びとの風習が合わさり，定められた日に宮中で邪気を祓う節会と呼ばれる宴会が開かれた。それが「節句」となった。日本の暦の一つであり，伝統的な年中行事を行う季節の節目となる日をいう。

　五節句の祝いは中国唐時代にはじまった風習で，日本に伝えられて江戸時代に普及した。その思想に「重日」という数字の重なることを良しとする信仰があった。つまり，季節の旬の植物から生命力をもらい邪気を祓うには奇数（陽）が重なる日を取り出して避邪（ひじゃ）の行事が行われた。徳川幕府は五節句（旧暦）を定め，公的な行事・祝日とした。1，3，5，7，9という奇数月に日を重ねて節を行ったのが五節句である。

　表5-1のように五節句には人日（じんじつ）；1月7日，上巳（じょうし）；3月3日，端午（たんご）；5月5日，七夕（たなばた）；7月7日，重陽（ちょうよう）；9月9日である。新暦では3月3日，5月5日，7月7日は同じ曜日となった。

　五節句に代表される年中行事は日本人がより豊かな生活を求めて大切に育んできた美しい風習である。日本民族が長い間学び育んできた先祖からの知恵であり，明日へのエネルギーを培うものである。五節句をはじめ，さまざまな年中行事は日本民族の歩みを知る源泉であるといえよう。

　この五節句自体は中国文化に影響を受けたとはいえ，日本人の持つ美意識によって今日まで受け継がれてきた。まさにその美意識は「六日の菖蒲，十日の菊」というように端午（菖蒲），重陽（菊）の節句を1日過ぎてしまえば，あとの祭と，その価値が下がる。つまり，当日までは価値があるが，その日を1日過ぎると一気に価値がなくなることを意味している。たとえば，クリスマスの

ケーキや飾り付けは12月25日を過ぎると投げ売りされるように時機を逸すると，価値がなくなったことを意味する。

表 5-1 五節句

五節句	月日	行事
人日（じんじつ）	1月7日	七草粥
上巳（じょうし／じょうみ）	3月3日	桃の節句，雛祭り
端午（たんご）	5月5日	菖蒲の節句
七夕（しちせき／たなばた）	7月7日	たなばた，星祭り，竹・笹
重陽（ちょうよう）	9月9日	菊の節句

(2) 雑節

第4章の表4-1に示した二十四節気に対し，日本の気候に相応しい季節の区分として，たとえば，土用（どよう），八十八夜，入梅，半夏生（はんげしょう），二百十日などの雑節がある。つまり，雑節は日本人の生活や農作業に示唆を与えるものである。それには，表5-2のようなものがある。

表 5-2 雑節

1月	冬土用
2月 3日	節分；立春の前日，旧暦で一年の最後の日，新春を迎えるために邪気を払う
3月17日	春彼岸；先祖の霊を供養する 春社日；最も近い戊の日，土地の神様を祭る，豊作を祈る
4月	春土用
5月 1日	八十八夜；立春の日から88日目，茶摘み，苗代のもみ蒔きの時期
6月10日	入梅；梅雨に入る時期
7月 1日 　　19日	半夏生；夏至から11日目，田植えの終える時期 土用；立春・立夏・立秋・立冬の前各18日間，立秋の前の夏の土用に鰻を食する
9月 1日 　　19日	二百十日；立春から210日目，稲の開花時期，台風の上陸の時期 秋彼岸；先祖の霊を供養する 秋者日；初穂を供えて収穫を感謝する
10月	秋土用

出所）佐々木輝雄『年中行事から食育経済学』筑波書房，2006年，35頁を参照。

2. 人日の節句とおもてなし

(1) 人日の由来対七草粥

「人日」とは五節句の一番目の節句で，旧暦1月7日にあたる。人日は文字通り「人の日」という意味である。中国の占術書では年初の6日間は，順にトリ，イヌ，ブタ，ヒツジ，ウシ，ウマの日である。7日目が人の日，8日目が穀物の日に由来する。平安時代に七草粥の行事が正月7日に移ったこともあり，人日という言葉も忘れられた。後にこの日は，七草粥を食べて一年の豊作と無病息災を願う日となった。

七草粥とは1月7日の朝に7種の菜の入った粥を食べ，一年中の無病を祈る行事・風習をいう。前日に野山で菜を摘み，夜から7日の早朝にかけて，年棚（歳神を祭った棚）の前で七草囃子（ななくさばやし）を唄いながら，まな板の上に7つの道具をそろえて七草をたたき，細かく刻まれた七草をお粥として食する行事である。表5-3のように7種の草をたたく時に囃子歌は地方で異なるが，関東では「唐戸の鳥の，日本の土地に渡らぬ先に，ストトントントン，七草なずな」といった。このような行為は本来，鳥追いの歌が七草粥と結びついたものである。正月期間は屋内の生活が多くなり，運動不足を解消するために野山へ出かけ七草を採取し，また，正月のご馳走で疲れた胃腸を整えることもあり，無病息災を願って七草粥を食べる。七草自体にはさまざまな薬効があり，とくに，ビタミンを補う効果がある。

表5-3 七草（春の七草）

七草	芹（せり）・薺（なずな）・御形（ごぎょう）・はこべら・仏の座（ほとけのざ）・菘（すずな）・すずしろ

(2) 小正月

旧暦1月1日（あるいは1日から7日間）を大正月というのに対し，正月15日（あるいは14日から16日間）は小正月となる。1月1日は暦の上での年初めである。正月15日を女正月という。満月の日（旧歴の15日）を正月として祝う風習があり，小正月はその名残である。大正月は男性中心で，女性は休むま

もない程忙しく，そこで，正月15日に年賀に出向いたりして骨休みをする日となった。

(3) 粥対雑炊

昔の七草粥は「固粥（かたがゆ）」，つまり，ご飯であった。しかしその後，普通の飯よりも水分の多い流動食である汁粥となった。粥とは本来，塩の入らない白粥である。

関東では一般に，粥とは米から煮たものであり，おも湯，三分粥，五分粥などの固さをもって区分している。また，雑炊は残りご飯や野菜などを上手に活用した知恵の料理といえる。しかし，関西では昼ご飯を炊いて，翌朝残りの飯を白粥にするといった習慣がある。粥は米から煮るとは限っていない。京都の七草粥は塩味にして「ふくわかし」で食する。

雑炊は穀物調理法の一つであり，昔は穀類の粉末を熱湯でかいた補食や薬用食であり，増水と書いて水を多く加えた穀汁であった。野菜などを加えるようになり，雑炊となった。雑炊は本来，節米用や病人食，保温食であった。近年ではカキ雑炊をはじめ，タコ雑炊など多様にあり，酒宴の後の腹ふさぎとしても，嗜好される場合が多い。関西では七草粥でも味噌を入れて七草雑炊として食される。

3. 上巳の節句とおもてなし

(1) 桃の節句の由来対節句の食

3月3日は桃の節句・雛の節句などといわれ，中国では曲水の宴を張り，桃の酒を飲む風習がある。この風習が日本固有の「禊（みそぎ）・祓い（はらい）」の思想と結びつき，身体のけがれを人形に移して祓った「流し雛」へと変容された。流し雛の本来の意味は川の水で汚れを洗い流して身を清める「禊」で，身を清め，ケガレを落とすことにある。雛壇に豪華な雛人形を飾るようになったのは江戸時代以降であり，雛人形を飾り女の子の健やかな成長と幸せを願う現在の「雛祭」となった。女の子が産まれて始めての節句を「初節句」といい，

嫁方の親が子供の身代わりとなって災いが降りかからないようにとの思いを込めて雛人形を贈ることになった。雛人形は本来，形代（かたしろ），すなわち，娘の身代わりであり，病気や災厄などを祓い人形にすべて託して，川や海に流す，廃棄するものであった。近年，雛人形自体が高価なために毎年，購入し，川や海へ流すことは経済的にも無駄となる。

そこで，雛人形は立春（2月4日）頃から2月中旬にかけて，遅くとも節句の一週間前頃からは飾ることになる。しかし，3月3日の節句が過ぎると，「すぐに片付ける」ことが習わしとなっている。というのは，節句が過ぎ，いつまでも雛人形を飾っておくと，「娘の婚期が遅れる」と揶揄されるからである。3月3日の節句が過ぎれば早めに，遅くとも3月中旬頃の天気の良い乾燥した日に仕舞うと良いであろう。

雛人形には，厄除けとなる「桃の花」から身体の邪気を祓うために「白酒」，よもぎの香気が邪気を祓うといわれる「草もち」，人の心臓をかたどり子供の健康を祈る親の気持ちの表れとして「ひし餅」，とくに，ひし餅や雛あられに見られる白・青・桃の3色はそれぞれ，雪の大地（白）・木々の芽吹き（青）・生命（桃）を表す。この3色のお菓子を食すことで自然からエネルギーを授かり，健やかに成長できるという意味が込められている。白酒は桃の赤に合わせて紅白のめでたさを象徴している。

さらに，桃の節句では自分の恋人・夫以外の男性，つまり，他のはまぐりのフタとは絶対に合わないという女性の貞操の大切さを示唆する「蛤（はまぐり）」を供える。そのため，雛祭のご馳走は春季の旬である魚介類，ばら寿司とはまぐりのお吸い物がつきものとなる。

(2) 男雛と女雛の飾り型の京風対関東風

今日，雛飾りで男雛は右（向かって左），女雛は左（向かって右）に飾ることが一般的である。しかし，関西の京風の雛飾りは古式に基づき男雛が左（向かって右），女雛が右（向かって左）と逆になっている。中国の唐の時代では左が上位であり，その後，元の時代に右上位となり，明，清の時代には左上位

と変わり，現代へと引き継がれている。日本では桓武天皇が794（延暦13）年に平安京へ遷都した。その平安京は唐の首都の長安（現西安）をモデルにし建設されたのであった。しかし，894（寛平6）年に菅原道真を遣唐使に任ずるが，派遣を中止し，遣唐使制度自体が廃止された。この100年の間，中国・唐との交易に基づき，左を上位とするしきたりが京都へ伝播・受容され，そのまま京風の雛飾りとして温存されてきたのであった。つまり，お雛様を飾る際，京風では男雛を左側（向かって右）に置き，左大臣，右大臣も，また，桜は左（向かって右），橘は右（向かって左）であり，関東風などとは正反対の配置となっている。同様に，天皇は神聖で上位であるという考え方に基づき，天皇・男子は左（向かって右），皇后・女子が右（向かって左）という配置での序列が継承されてきた。

しかしながら，文明開化とともに西洋の騎士道に基づく右側（向かって左）が男性という観念が伝播し，大正天皇が即位式で初めて向かって右側に立たれた。昭和天皇は当初より，右側（向かって左）に立たれていた。たとえば，1928（昭和3）年11月10日，昭和天皇が京都御所で即位の御大礼が催された際，古式を継承せず，天皇が右側（向かって左），皇后が左（向かって右）に立たれ，男女の位置が西洋式になっていた。

西洋の騎士道には，上下関係というよりも，男女対等の目線で，むしろ「女性庇護」「女性崇拝」の考え方に基づいていた。西洋の騎士道では女性のために命を賭けることを美徳と称えられている。左・右のどちらが上位か否かというよりも，男性は右手に剣を持ち，左手で女性を抱え敵から守り，庇護するというおもてなしの心，気配りの観点から，男子が向かって左側であり，女性は向かって右側に並んだと考えられる。

1945（昭和20）年の第二次大戦以降，日本の雛飾りや結婚式などでは，西洋の騎士道の精神から，向かって左側が男雛・新郎であり，向かって右側が女雛・新婦となった。京都の雛飾りにおいては比較的最近まで，中国・唐の時代の男性優位の観点から，女雛は右側（向かって左）という古式をそのまま温存してきた。しかし，今日では関東をはじめ，全国的に雛飾りや結婚式などは男

尊女卑に基づく，地位の上下関係というよりも，むしろ男性が女性を庇護・守るという気配りの観点から女雛・新婦は左側（向かって右）が，一般的となっている。

4. 端午の節句とおもてなし
(1) 端午の節句の由来対鯉のぼり

そもそも端午の節句は旧暦5月5日に祝われたが，今日の日本ではグレゴリー暦（新暦）の5月5日に行われ，旧暦や月遅れの6月5日に一部の地域では行われている。中国語圏では現在も旧暦5月5日に行うのが，一般的である。旧暦では午の月は5月にあたり，この午の月の最初の午の日を節句として祝ったので，後に，5が重なるこの月の5日が端午の節句の日になったという。「端」は物のはし，つまり「始まり」という意味で，もともと「端午」は月の始めの午の日のことだった。後に，「午」は「五」に通じることから毎月5日となり，その中でも同じ数字が重なる5月5日を「端午の節句」と呼ぶようになった。中国ではショウブ（菖蒲）を縁起物とする風習がある。ショウブは武を重んずるという意味の「尚武・勝負」に通じることから，日本では男子の節句となり，菖蒲の節句ともいう。

現在は5月5日と端午の節句とし，男子の健やかな成長を祈願し各種の行事が行われる。5月5日は1948（昭和23）年より国民の祝日「こどもの日」になった。鯉のぼりの風習は江戸時代以降からで，鯉は鯉の滝登りにかけた出世のシンボルである。

中国・楚（そ）の政治家・屈原（くつげん）が国の行く末を案じて5月5日に入水したといわれているが，その霊を慰めるために粽（ちまき）を供えたという故事に基づき粽を食するようになった。また，この日は屈原を救うために中国では龍の頭を形どった龍船（ロンチョン）のペーロン（白龍，競龍）が行われる。端午の節句では中国全土，とくに，南方において龍船競争が盛んに開催されている。龍船競争は近年，中国ばかりでなく，東南アジア各地，日本にも長崎，沖縄では盛んに行われている。

(2) 柏餅対粽

　柏餅とは，柏の葉っぱの上に，上新粉とくず粉（片栗粉）を混ぜてつくった「しんこ餅」に，あんを挟んだものを置き，柏の葉を2つ折りにして包んだお菓子である。柏の葉は，新芽が出ないうちは古い葉が落ちないという特徴がある。「柏の葉」イコール「子孫繁栄」との意味があり，「子供が産まれるまで親は死なない」，「家系が途絶えない」ということで縁起が良いとされている。

　粽は餅団子を茅（ちがや）の葉で包んだものをいう。粽自体は中国の節句の行事とセットで日本へ伝わってきた習慣である。粽自体には縁起の良い「難を避ける」という意味が含まれている。

(3) 蘇民将来対祇園祭の粽

　祇園祭の祭神の牛頭天王が妃を娶るために竜宮へ旅した際，一夜の宿と宝船を捧げて力を貸した蘇民将来の子孫に対し，天王は疫病から守ることを約束した。その後，死の病が流行しており，天王に宿を貸さなかった蘇民巨丹の一族は全員死んで家は滅びてしまった。蘇民将来の一族は助かり，繁栄したのであった。避疫神としての蘇民将来の信仰は，平安時代から今日まで続いており，現在は八坂神社の摂社，疫神社の祭神として祀られている。

　祇園祭の長刀鉾の粽には「蘇民将来之子孫也」の護符がつけられている。7月17日の山鉾巡行の際，鉾の上から囃子方が粽を観客へ向かって節分の豆まきのように投げていた。しかし，投げられた粽を取り合い中年女性が怪我をすることが起こり，危険とみなされるようになった。そのため，現在，山鉾巡行中に粽を投げることは原則禁止されている。そこで，鉾町の宵山などでは厄除けの粽が各鉾町などで販売されている。

　祇園祭で売られる粽は食用ではなく，飾り粽である。祇園祭の粽には「蘇民将来之子孫也」などと書かれた護符が付いている。粽の護符は災厄を払い，疫病を除いて，福を招く神，また，除災のご利益がある。しかし近年，一部の鉾町では厄除けでなく，食べる粽も販売している。「蘇民将来之子孫也」と書いた護符の粽は住居の門口に吊るし，厄除けにする。日本各地の国津神系の神

(主にスサノオ) を祀る神社で厄除けの粽が販売されている。なお、岩手県南部では、例年、この説話をもとにした盛大な蘇民祭が行われている。

5. 七夕の節句とおもてなし
(1) 七夕の由来
　七夕は7月7日に牽牛星 (彦星、わし座アルタイル) と織女星 (こと座のベガ) が、2つの星は7月に北の天頂に昇って天の河に並んでかかるので、中国では古くから2つの星を人格化し、7月7日を一年一度、めぐり合う時と考える伝説があった。元来、中国での行事が奈良時代に宮内行事となり、後に民間に広まった。七夕は日本の織女の和名である棚機津女 (たなばたつめ) の伝説、すなわち、神の一夜妻になると村のケガレを持ち去ってもらえるという伝承が当て字されたものである。「七夕」を「棚機 (たなばた)」や「棚幡」と表記した。日本では、織姫と彦星のロマンティックな伝説があり、笹に短冊を掲げる。笹は精霊 (祖先の霊) が宿る依り代である。七夕に降る雨を「催涙雨 (さいるいう)」または「洒涙雨 (さいるいう)」といい、織姫と彦星が流す涙だと伝えられている。

　牽牛は農業を、織女は養蚕や糸、針の仕事を司る星と考えられ、日本古来の豊作を祖霊に祈る祭 (お盆) に、女性は手芸が巧みになることを願う乞巧奠 (きっこうでん／きこうでん) や仏教の盂蘭盆会 (お盆) などが習合した。そもそも七夕とはお盆行事の一環でもあり、七夕はキュウリ、ナスなどの成長を神に感謝し、キュウリの馬、ナスの牛を供えた収穫祭が盆迎えの行事である。

　この節句は精霊棚と祖霊に着てもらう布を安置するのが7日の夕方である。そのことから7日の夕で「七夕」と書いて「たなばた」と発音するようになった。日本では明治改暦以降、お盆が7月と8月に分かれたために、七夕祭は現在、7月7日か、あるいは月遅れの8月7日かに開催されている。

(2) 七夕の食
　『年中重宝記』や『年中行事抄』に、7月7日の七夕には「索餅 (さくべい)」

を食べる，という記述があるという。この由来は，中国の故事により，古代中国，高辛氏の子供が7月7日に亡くなり，それが霊鬼神となり，人びとに瘧（おこり：熱病）が流行した。その子が生前好きだった「索餅」を供えて祟りを鎮めたことから，病除けとして索餅を食べる習慣が広まったという。日本最古の漢和字書『新撰字鏡』においては，小麦粉と米粉を水で練って塩を混ぜて縄状にして乾燥させた索餅には「牟義縄（むぎなわ）」という和名もある。ちなみに「むぎ」という言葉には植物の麦を示すほか，「小麦粉でつくった麺」という意味もある。

　また，七夕は畑作の収穫祭という意味もあり，麦の実りや，ナス・キュウリといった夏野菜の成熟を祝い，神とその恵みに感謝する行事でもあった。そのため，七夕の食べ物としては瓜や果物，素麺（索麺とも書く）があげられる。とくに，流し素麺は織り糸に見立てて流れていくような風流な行事食となっている。

6. 重陽の節句とおもてなし
(1) 重陽の節句の由来

　重陽（ちょうよう）は，9月9日のことである。陰陽思想では奇数は陽の数であり，陽数の極である9が重なる日であることから「重陽」といい，重九（ちょうく）は長久に通じてめでたい。また，それは御九日（おくんち，みくんち）とも呼ばれ，福岡，唐津，長崎などのおくんち祭とも関係する。旧暦の9月では菊が咲く季節であることから菊の節句とも呼ばれる。奇数の重なる月日は陽の気が強すぎるため不吉とされ，それを払う行事として節句が行われていた。陽は積極的・男性的な性質や意味があり，とくに九は一桁の数のうちでも，最大の「陽数（奇数）」と考えられた。後に陽数の重なりを吉祥（吉数）とする考えに転じ，祝い事の節句となったものである。

　中国では9月9日，茱萸（しゅゆ＝ぐみの実のこと）を袋に入れて丘や山に登ったり，菊の香りを移した菊酒を飲んだりして邪気を払い長命を願うという風習があった。重陽の節句の前夜にまだつぼみの菊の花に綿をかぶせて菊の香

りと夜露をしみこませたもので、宮中の女官たちが身体を撫でたりしたといい、『枕草子』や『紫式部日記』の中でもその風習がみられた。京都の上賀茂神社では毎年、無病息災を祈る重陽の節会が行われ、菊酒のおもてなしがある。しかし、現在、日本では他の節句と比べ、重陽の節句はあまり重要視されておらず、また、9月9日は「苦」に通じると嫌われがちでもある。

菊という字は1ヵ所に米を「集める」ことを表している。菊の花弁を米に見立てて、全体的に見れば、菊の花となる。そこで、農耕文化、とくに、米作に依存してきた日本では菊が日本を象徴する国の花となっている。

(2) 長崎くんち

くんちは「宮日・供日・九日」のことである。旧暦の9月9日の重陽の節句に相当し、同じ九がつく新暦の10月7・8・9日に行われる長崎の諏訪神社の大祭がある。戦国末期の長崎はポルトガル貿易やイエズス会による切支丹の地であった。江戸時代に入り、幕府は、切支丹禁制をし、1624（寛永元）年、諏訪神社が再興され、日本的宗教観に基づき諏訪神社の大祭に力を注いだ。

長崎くんちは10月7日の奉納踊りで幕を開け、9日までの3日間、開催される。まず、シャギリ（囃子）が諏訪神社の境内に設けられた踊り馬場に流れ、各踊町の目印でもある傘鉾が舞った後、奉納踊りが始まる。それは市街地・町方77ヵ町を踊町と称し、7分割し、7年に1回奉納踊りを行う。そのため、同じ踊りは7年後しか見られないことになる。

唐人船や川船、御座船、阿蘭陀船が根曳（曳き手）により、前後に曳かれ、激しく回転され、子供が乗る太鼓山（コッコデショ）が気合と共に空中に何回も放り投げられる勇壮な行事である。さらに、唐子獅子踊りやあでやかな本踊りが披露される。

その他、諏訪神社、住吉神社、森崎神社の神輿が3基、御旅所に渡り、長坂（神社の階段）では一気に勇壮に下り、また、町内などを巡行する。このように諏訪神社の大祭は日本・中国・オランダ文化の融合した「和華蘭祭」として380年以上にわたり、開催されている。

(3) 敬老の日

日本では，9月には重陽の節句と同じような意味で，敬老の日がある。それは，国民の祝日に関する法律（祝日法，昭和23年7月20日法律第178号）第2条では，「多年にわたり社会につくしてきた老人を敬愛し，長寿を祝う」ことを趣旨とする。2002年（平成14年）までは毎年9月15日を敬老の日としていたが，2001年（平成13年）の祝日法改正，いわゆるハッピー・マンデー制度の実施によって，2003年（平成15年）からは9月第3月曜日となった。

なお，敬老の日を第3月曜日に移すにあたって，高齢者団体から反発が相次いだため，2001年（平成13年）に老人福祉法第5条を改正して9月15日を老人の日，同日より1週間が老人週間となったという経緯がある。

(4) 重陽の節句対長幼の序

長幼の序とは年長者と年少者の間にある一定の秩序を意味する。孟子（『滕文公上』）は人間として守らなければならない道徳として「五倫」を説いた。その五倫には，父子の親・君臣の義・夫婦の別・長幼の序・朋友（ほうゆう）の信を掲げた。つまり，長幼の序とは，人間として守るべき5つの道「五倫」の内の一つである。それは社会風習上，子供は大人を尊敬し，また，大人は子供を慈しむべきという双方向の秩序を掲げたものである。長幼と重陽とは同じ音ではあるが，意味する内容は若干，異なる。後者はどちらかといえば，一方的に敬老の精神の大切さを強調するものである。しかし，前者の長幼の序は上下関係に基づく，年長者を敬老するだけのものではなく，年長者は子供に対しても慈しみ，双方がお互いに畏敬の念・慈しむというホスピタリティ・マインドに基づく相互主義が背景にある点が大きく異なる。

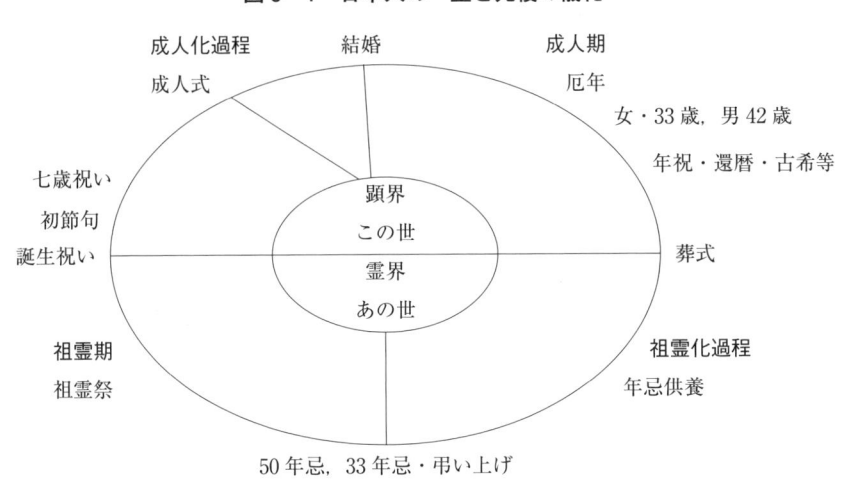

図5-1 日本人の一生と死後の儀礼

```
          成人化過程   結婚    成人期
          成人式              厄年
                              女・33歳，男42歳
                              年祝・還暦・古希等
  七歳祝い
  初節句         顕界
  誕生祝い       この世
                霊界                   葬式
                あの世

  祖霊期              祖霊化過程
  祖霊祭              年忌供養

          50年忌，33年忌・弔い上げ
```

出所）岡田啓助他編『日本文化を知る 続』おうふう，2001年，89頁を参照作成。

7．冠婚葬祭とおもてなし

(1) 冠婚葬祭の儀礼

1) 冠婚葬祭

　図5-1のように日本人の一生の間には出生してから一人前の成人となり，その後に結婚して一家をなす段階，次に，結婚して子供を育て死ぬまで間，いくつかの通過儀礼を迎える。さらに，人間が死んだ以降にも儀礼が続く。とくに，年忌供養として33年忌あるいは50年忌まで，供養の弔い上げの時期を終了後も，いわゆる祖霊である先祖から，子孫の繁栄を見守られていることもあり，儀礼は永遠に続くことになる。とりわけ，日本では，古からの習慣を受け継ぎ，人生の四大慶事に対する儀礼として「冠婚葬祭」の約束事が存在する。年中行事は毎年四季を単位に繰り返されるが，冠婚葬祭は基本的に人生で一度だけの人生の区切りとなる儀式である。冠婚葬祭は人が産まれてから死への旅立ちを迎えるまでの一生と，さらに死後の供養に至るまでの長い期間の儀礼である。

(2) 初宮参り対七五三・成人式

1) 誕生

　年齢の数え方は，満年齢と数え年の2種がある。満年齢は生まれた時を零歳とし，時間の経過を数字で表したものである。一方，数え年は出産したばかりの赤ちゃんでも，すでに魂を有すると考え，1歳と数える。年齢は年玉（魂）の一つと考えられていた。そのため，年を取るのはみんな同時に正月という慣例であった。初誕生日以外に個人の誕生時を祝うことがなかった。1949（昭和24年）に満年齢が導入されて以来，個人の誕生日を祝うようになった。

2) 初宮詣り

　現在のように医学が進歩していなかった時代は神や仏の力に頼り，家族で大切な生命を見守ることが必要であった。誕生後7日のお祝いが「お七夜」といい。昔，お七夜で初めて「この世に存在する人」として産着を着せてもらえた。出産後，男児の場合は32日，女児の場合は33日経ると「初宮詣り（氏神詣り，産土詣りともいう）」をする。赤ちゃんの無病息災を祈り，氏神様に氏子入りをお願いする。京都では，お宮詣りの際，紅で男の子の額に「大」を，女の子の額に「小」を書く。「大」は強くおおらかに，「小」は優しく細やかにといった意味を込めて子供の幸を願う。出産に伴う血という「赤不浄」があり，産婦は神聖な神様の前には出なかったため，祖母が初宮詣りの役を務める。さらに，生後100日目には「お食い初め」「箸ぞろえ」「箸初め」などという初めて食べ物を口にする儀式がある。祝い膳は妻の実家がお祝いの品として贈る。この儀式は子供が一生食べ物に不自由しないようにとの願いが込められている。食べ初めには，尾頭付き，赤飯，吸い物，なます（一汁三菜）と，石が添えられる。石は歯が丈夫になるようにと，噛ませ，吸い物は吸う力がつくようにと願って吸わせる風習がある。1歳になると，魂を注入する初誕生のお祝いをする。

3) 七五三

　七五三は3歳女児の「髪置きの祝い」，5歳男児あるいは女児の「袴着の祝い」，7歳女児の「紐落としの祝い」に基づく子供の歳祝いの行事である。基本的に子供の成長に厄災に対する抵抗力をつけることにある。奇数がめでたい

陽数であり，また体調の変わる年頃でもあり，子供の健康と成長を祝い，社会の一員として成長するよう願うために神社詣でをする。

4）成人式

成人式は，社会から一人前の大人になったことを祝う儀式である。かつては武士階級の「元服の祝い」であった。元服とは髪型を改め，冠をかけて一人前の証の儀式（加冠の儀）を行った。その烏帽子（えぼうし）を被せる役の人を烏帽子親と称する。

女子は初潮があると初潮の祝い（13歳の祝い）をし，一人前の女性の証であり，髪を結い上げ，かんざしで飾って成長を祝った。古代中国では男子20歳を「弱」といい。元服して「冠」を身につけて「弱冠」となり，「弱冠」は20歳を迎えた者の総称で使った。日本で昔は階層や職業に応じて，一人前として認める基準があった。一律に成人を祝う習慣は1948（昭和23）年の「国民の祝日に関する法律」で，1月15日の小正月を「成人の日」に定めて以来である。現在は1月第2月曜日になっている。

(3) 婚約対婚礼

1）婚約

婚約は愛し合う男女が互いに結婚の意思を確認し，結婚を前提とした約束をいう。婚約は当事者同士が約束しても成り立つが，双方の親や家族，仲人など証人となる人びとに報告し，世間に認めてもらうことになる。婚姻のトラブルが生じた際，法的な効力が発生する場合もある。婚約の形式には，結納・婚約式・婚約披露パーティー・婚約記念品の交換・婚約通知状などがある。

2）婚礼

婚礼は非日常的なハレの日である結婚の儀式，婚儀をいう。知り合いになった男女が，結婚の約束をし，結婚の誓いを立て夫婦になるが，結婚に関連する一連の行事を婚礼という。その婚礼に欠かせないのが，新郎・新婦が結婚の誓いを立てる儀式・結婚式である。結婚は人生の伴侶を決定し，とくにその結婚式は最大の華であり，大切な人生の節目・門出であり，結婚に関する最低限の

マナーを守ることが必要不可欠である。わが国の結婚式は，多様化しており，神前式，キリスト教式，仏前式，人前式などがあり，その披露宴などの会場は宿泊施設，とくにホテル・旅館など各所で催されている。

(4) 結婚式の形態対結婚記念日
1) 結婚式の形態

その結婚式には，次のような多様な形態がある。

① 神前式は神社，結婚式場・ホテルなどの先祖の神々に夫婦の契りのために，神前に供えられた御神酒で，三三九度の杯を交わし，誓詞奏上，玉串を奉てんし，指輪の交換をし，さらに親族固め杯を行うものである。

② キリスト教式は各教派で異なるが，チャペル (chapel)，純白のウェディング・ドレス (wedding dress) に象徴されるように神と参列者の前で結婚・愛の誓いをし，それを見届ける第三者が証人（媒酌人）として立ち会う。バージン・ロード (virgin road) では新郎と新婦が一緒に入場したり，また，新婦が父親と一緒に入場して先に入場している新郎に引き渡したりすることがあり，感動を高める。さらに，指輪の交換・贈呈が女性・新婦の感情を高めることもあり，キリスト教式の挙式は教会，ホテル・結婚式場などでも盛んに行われている。

③ 仏前式は，仏教では，仏の慈悲によって二人の結婚は前世から因縁づけられていた。それによって結ばれた二人が，仏前に夫婦の誓いをし，先祖の霊に報告する結婚式をいう。僧侶が仏前に供えてある数珠を新郎と新婦に授け，二人が焼香し，誓いの杯を交わすことになる。

④ 自宅（家庭）結婚式は，日本の伝統的な結婚式の形態であり，地方毎に式の進め方が異なっている。しかし一般的には，新婦が身仕度をして新郎宅へ向かい，新郎の家を式場とし，儀式の中心として，三三九度の杯と親子・親族の固めの杯が行われる。続いて披露宴が行われ，くつろいだ雰囲気で祝宴が催されることが多い。

⑤ 人前式は，宗教や古い慣習に捉われることなく，家族，親類，友人など

の列席者が結婚の証人となる。二人の思い出の場所（スキー場，船上など）をはじめ，ホテル・結婚式場において同時に挙式と披露宴を行って列席者の前で，誓いの言葉，婚姻届の署名，指輪の交換などを行う。

⑥ 海外結婚式は，国際化，グローバル化した今日，海外でロマンティックに結婚式を挙げるケースが増加してきている。たとえば，ハワイ，グアム，サンフランシスコ，カナダ，タヒチなど世界各地において旅行業者の主催するパッケージ・ツアー（package tour）が売り出されている。法的な婚姻手続きは出発前に国内で済まし，パスポートも結婚後の姓として海外で挙式を行う方が現地でトラブルや事故にあった場合でも，無難である。

2）結婚記念日

結婚後の結婚記念日を祝う風習は19世紀のイギリスに始まったが，本来，日本では，家中心の社会であり，夫婦単位でのお祝いは盛んでなかった。最近，若い世代を中心とした家庭などで，結婚記念日を祝い，かつ贈り物をする習慣

表5-4　結婚記念日の年数・名称

年数	名称	年数	名称
1年目	紙婚式	2年目	綿婚式
3年目	革婚式	4年目	書籍婚式
5年目	木婚式	6年目	鉄婚式
7年目	銅婚式	8年目	青銅婚式・電気器具婚式
9年目	陶磁器婚式	10年目	錫婚式
11年目	鋼鉄婚式	12年目	絹婚式
13年目	レース婚式	14年目	象牙婚式
15年目	水晶婚式	20年目	磁器婚式
25年目	銀婚式	30年目	真珠婚式
35年目	珊瑚婚式	40年目	ルビー婚式
45年目	サファイア婚式	50年目	金婚式
55年目	エメラルド婚式	75年目	ダイヤモンド婚式

出所）山上徹『ホスピタリティ精神の深化』法律文化社，2011年，77頁を参照作成。

が広まっている。それは夫婦の歴史を顧みる機会となり，とくに夫婦の絆をより深め，新たな気持ちで再出発するという効果がある。表5-4のように結婚記念日の年毎の年数でと名称が変わる。

(5) 厄年対年祝い
1) 厄年
　東洋医学では女性は年齢に7の倍数，男性は8の倍数の年齢の時が節目の年代と考えられ，体調に変化が訪れるという。女性は $7 \times 5 = 35$ 歳の頃，男性は $8 \times 5 = 40$ 歳の頃に体力が著しく低下するという。このように長い人生，体調が低下する時期には神様・仏様のご加護を受けたいとの願望が高まる。厄年とは災難や危難を受けやすい年齢のことである。地域により異なるが，一般に，数え年で男子は25歳，42歳，女子は19歳，33歳がそれに当たる。女子の33歳は，「散々」に通じ，また男子の42歳は，「死に」に通じることから「大厄」とされる。厄年（本厄）には前後の前厄，後厄があり，3回お祓いが必要になる。肉体的に転機を迎える時期に，改めて警戒するという意識が働くことになる。

2) 年祝い
　年祝いは人生の節目に無事を祝うことである。七五三を経て，一人前とみなされる13歳，15歳までの年祝いは成長過程の不安定な霊魂を強化することに

表5-5　長寿の年祝い

年祝い	年　齢	概　　要
還暦	61歳	満60歳の年は産まれた年と同じ干支が巡ってきた年
古希	70歳	杜甫の「人生70古来稀なり」に由来，昔は短命であった
喜寿	77歳	喜の字は七十七に見えるから
傘寿	80歳	傘の略字は八と十と読める
米寿	88歳	米を分解する八十八になるから
卒寿	90歳	卒を略字で卆と書くので
白寿	99歳	百は一を引くと，白になるので
百寿	100歳	1世紀という長寿を極めたので，百賀の祝，それ以降，毎年祝う

ある。一方，成人式以降の年祝いは，表5-5のように災難を乗り越えてきた人生の節目を祝うものである。たとえば，最初の還暦（満60歳）は人生5回目の「年男・年女」であり，「誕生した干支に還って，赤ちゃんにもどる」ということで，「赤いちゃんちゃんこ」を贈る風習がある。

(6) 葬式対供養・祖霊
1) 葬式

死者を送る葬式は故人を悼み，その魂が安らかに昇天できるように慰める人生最後の一連の儀式である。葬式は葬送，葬儀，葬礼に区分できる。仏教の場合，死者の枕元や埋葬した墓の前に枕飯・枕団子を供えることが多い。通夜や葬儀前に共食することを食い別れともいう。その食事は魚肉類を使わず，基本的に精進料理である。精進する期間が終われば，精進落としとして魚肉類を食する。

葬式の形式は仏式，神式，キリスト教式，新興宗教式，無宗教式などの多様な形態がある。基本的には，故人の信仰や遺志を尊重した形式が選択されるべきであろう。

2) 供養

法事，法会とも称する法要は，死者の冥福を祈り，その霊を慰めるために忌日や命日（死亡月日・祥月命日）に行う諸行事である。仏教では，死亡日から7週間（49日）は，あの世とこの世をさまよっている時期であり，これを「中陰」という。死後，あの世へ旅立てば，一巻の終わりとはならず，葬式の後，死者と縁の深い人びとが供養することによって極楽浄土へと送り届け，成仏できる。死者が冥土に行くと閻魔の庁で7日ごとに7回の審判から7回の法要が必要となる。仏式ではすぐ初七日忌，三十五日忌，四十九日忌明けの儀礼，それが済むと埋葬，一年忌（一周忌・一回忌）の法要と死霊を祖霊として安定させる儀礼が続く。死霊は死後しばらくの間，遺体から離れず，周りをさまよいながら，この世に戻る機会を窺っていると考えられている。そのため，死霊が遺体から完全に離れるまでの間，遺族は喪に服さなくてはならず，その期間が

仏式では 49 日、神式では 50 日である。仏式では死後 49 日目は冥土で行われる 7 回目審判が下り、行くべき来世が決定する重要な日である。盛大な法要が行われる。神道では、50 日目に弔い上げが行われる。

3）祖霊

　死霊は祖霊化し、祖霊は裏山に住んで氏神様として収穫を守護し、毎年お盆、正月、さらに彼岸に降臨して、繁栄を約束してくれる。死霊供養のための満 1 年目の法要・法事は一年忌、満 2 年目の三年忌、七年忌、十三年忌、十七年忌、二十五年忌、二十七年忌、三十三年忌などの年忌法要が続く。場合によっては、祖霊供養は五十年忌、百年忌と続く。死者の祥月命日に僧侶を招き、親戚やゆかりの講の人びとが集まり読経し、故人を追憶しつつ、魚肉類は使わず、植物性食品を主とした精進料理を共食する。子々孫々まで法要の周期的なつながりが檀家と寺との間に行われる。仏式の法要に対し、神式では、「霊前祭」、キリスト教式では「追悼ミサ」（カトリック）、「昇天記念式」（プロテスタント）においてもそれぞれ時間を基軸とした法要が実施される。

【参考文献】
岡田啓助他編『日本文化を知る　続』おうふう、2001 年。
神崎宣武『まつりの食文化』角川学芸出版、2005 年。
京都市編『京都の歴史 9』學藝書林、1976 年、522 頁。
佐々木輝雄『年中行事から食育経済学』筑波書房、2006 年。
永田久『年中行事を科学する』日本経済新聞社、1994 年。
宮田登『正月とハレの日の民俗学』大和書房、1997 年。
全国料理業生活衛生同業組合連合会和食文化研究会『おもてなし学入門』ダイヤモンド社、2007 年。
周国強『中国年中行事冠婚葬祭事典』明日香出版社、2003 年。
辻原康夫『日本の旅文化事典』トラベルジャーナル、2000 年。
山上徹『ホスピタリティ精神の深化』法律文化社、2011 年。

第6章
祇園祭と祭礼のおもてなし

1. 祭の神人共食とハレの連続
(1) 祭と神

　祭は英語のライト（rite），セレモニー（ceremony），フェスティバル（festival）に該当する。また，内容はそれぞれ「儀礼」「儀式」「式典」「視察」などを意味する。祭は，個人・家族などのまったく私的な出来事から，また地域社会の行事，さらに国家的あるいは国際的な公的行事などさまざまな形態がある。祭のマツとは，尊い方のそばにいてお仕えするという意味の「まつろう」「待つ」「松」をはじめ，宗教的な行為を指す「祀る」と同じ語源に由来する。

(2) 神人共食の交流

　人間以外の動物は食を共食し合うことを見かけない。猿が食するという行為は基本的に個人的，個体的であり，他者と食べ物を共有し合うことはしていない。食の共同化，味の共有化は人間と類人猿と本質的に，異なる。とりわけ，日本人は古来より，祭を通じて他者と一緒に共食する行為を培ってきた。

　祭は神や祖霊を迎えて感謝と祈りを捧げ，神と人びとが一体化し，強力で神秘的な霊力を分け頂くことにある。祭における祖霊とは，通常，未だ死後の日の浅い時期，個人的な供養・法要を受けているという肉親の死霊を対象とするものではなく，むしろ三十三年忌あるいは四十九年忌を迎え，カミ・ホトケとなられた祖霊である。日本では祖霊がいつも山上や天上の世界にいて子孫の暮らしぶりを見守っていると考えられている。すでに，表4-5に示したように

正月や盂蘭盆に代表されるように年中行事には必ず，村里の依り代に降臨し，家々を訪れておもてなしを受ける。つまり，祭は祖霊と子孫とが交流する機会をいう。とくに，供え物を下げて，神と人びととが飲食を共に交流する直会という神人共食，神人合一（しんじんごういつ）となり，霊力を身体に取り込むのである。

日本の祭は，年の節目に神や祖霊をこの世に迎え，神饌にて食を捧げ，供して，豊作を願い，直会の共食，それが終わると，再び神をその居処へと送り返す一連の儀礼である。祭の終始は，神迎えと神送りである。いわゆる，基本的な祭の儀式は「神を招き」「神に供物を供え」「神意を伺い」「神人一体化の共食」「神を送る」というストーリーで構成されている。神の帰りは夜明けか，夕刻である。

(3) ハレ対ケ・ケガレ

人間の精神状況には，気分や意識が快く「晴・超最高」の「ハレバレ」となるハレがある。一方，日常的な生活として「曇り・普通」のケ（褻）があり，さらに，気枯れ，気離れるような「雨・不浄」なケガレ（穢れ）といった3つの形式に区分できる。一般に，人間生活は宗教的な聖なる時間（ハレ）と俗生活の俗なる時間（ケ）でもって二分割されてきた。かつて日本人の生活は貧困なため，一年間においてハレは稀有なことであり，その喜びゴトとは，季節の節目の年中行事・祭のみであった。

非日常的な精神状態はハレ・ケガレを意味するが，ケは日常的である「普段，つね，私的な」の状態である。他方，ハレは晴れがましいことであり，「表向き・正式・公・公衆の前」などを意味するプラスの非日常であれば，ケガレはマイナスの精神状態の非日常性を意味する。

ハレ・ケ・ケガレは基本的に時（time），場所（place），場合（occasion）といったTPOに対応したおもてなしが必要になる。

(4) ハレの連続

　正月や祭の年中行事は一年の節目などに行われるハレの儀礼である。それは特別な日の特別な着物や食事，作法や行為，気分あるいは意識などを「ハレ」と称して日常の生活（ケの生活）と区別していた。しかし，祭はハレばかりでなく，葬式，法要，病気の治療儀礼，また神や死霊の怒りを鎮め，ケガレ（穢れ）を祓う儀礼などがある。祭は日常を離れた時間と空間を区切って行われる非日常の世界である。

　しかしながら，現代生活では，華美な服装を身に着け，美味しいご馳走を食べ，酒を飲み，歌い踊るのは，なにも祭のハレに限ったことではなくなった。時・場所を考慮して娯楽施設を利用し，金銭を支払いさえすれば，日常的にハレを楽しむことができる。いわゆる「日常の祭化」「祭の日常化」となっており，「ハレの連続」が都市社会に準備されており，ハレとケの境界が曖昧である。たしかに，現代日本人の生活は，いまや「日常のハレ化」「ハレの日常化」であり，「ハレの連続化」にあると思える。しかし，それは物質的な側面のハレに過ぎなく，精神的な面ではケというよりも，むしろケガレのような状況下にある人びとも多いこともたしかである。

2．村の祭と町・都市の祭礼
(1) 村の祭の特徴

　日本の長い歴史を通して，稲作農業が国民の経済・社会基盤であったし，民族文化の形成において中心的な役割を担ってきた。しかし農業は自然の力に左右され，人力だけでは回避不可能な不安定な側面が伴う。端的には大雨，大風ならびに日照りで農作物が荒らされるのは神の怒りの現れであり，その怒りを鎮めるために村祭が挙行された。日本の農耕作業のサイクルと符合しつつ，一連の祭儀が行われてきた。

　わが国の祭・年中行事の多くは，農耕民族でもあり，稲作と深い関係があった。日本の庶民信仰は，共同体における人と自然と神とが三位一体となって五穀豊穣（イネ・ムギ・アワ・ヒエ・マメの豊作）を祈願する。村の祭では，神事

が大切にされる。村の人びとが中心になり，神を迎え，神を喜ばせ，直会の共食でにぎわせて，豊かな実りを願おうとする。神とは村の構成員らの祖霊であり，つまり，それは「内」なる神といえる。生活の共同体となる村を基本単位として，長年，内なる神への信仰を育んできた。だから，村の神楽や囃子は神と一緒になってにぎわいを演出するものである。村という単位が共同の農耕作業であり，とくに，村の存続・成長のためにも五穀豊穣が保証されるように神を迎え，厳粛な祭儀が行われた。その神事は帰属する村落の「内」なる村人のみを対象者として行われ，多くはヨソ者である観光客を意識するものではない。

表6－1　典型的な祭の類型化

類　型	村　祭	町・都市祭	現代的な祭
信仰	神・仏	神・仏	神・仏の形骸化
主催者	村の共同体	町内共生組織	都市内共生組織
対象者	地縁血縁・村民	祭礼・住民・観客	祭礼・住民・観客
開催時期	季節性	季節性・記念日	記念日・集客性
主催目的	五穀豊穣・豊作・豊漁の祈願	天災・流行病の回避　経済・帰属意識高揚	非日常性・イベント　集客人数・売上高
基本的欲求	生理的欲求	安全欲求・愛情欲求	自己実現欲求

出所）山上徹『京都観光学』法律文化社，2010年，98頁を参照作成。

(2) 町・都市の祭の特徴

　近世の町・都市では，経済的な商売繁盛が求められる市の神，さらに町内生活における疾病・流行病などに対し，近隣との共同生活を守るための「町の守護神」が必要不可欠な存在となった。近世の町・都市においては防備せねばならない外敵とは，天災地変による被害があった。当時，町民が最も恐れた外敵とは，武力による侵攻ではなく，防ぐことのできない天災であった。とくに夏季に町を襲う流行病は，突然現れて多くの人びとをさらっていく恐ろしい天災地変であった。だから町・都市の人びとを守るには，こうした敵を叩きのめす威力をもった強力な神が必要となった。町・都市では人口が過密となり，とく

に高温多湿な夏季に流行病などが多発し，その災厄というケガレを除去するために祭が行われた。

家屋が密集し，衛生状態の悪い町内では，とくに夏場に多い流行病がなによりの共通の敵であった。共通の敵を共同して追い払うために，町内の神が勧請され，夏祭が生まれた。町内の人びとの職業はたとえ異なったとしても，疾病除けのカミを勧請することが共同体として大切であった。

たとえば，京都の祇園祭は鴨川の水辺に流行した悪霊を鎮めるために異国の悪神（インドの牛頭山の山中にいた）である牛頭天王（別名：武塔天王）を祇園社に祀り，流行病をもたらす御霊を鎮めようとした。それは町・都市のケガレを排除し，都市空間を浄化することを目的とした。

町・都市が発達するに従い祭は，次第に主催する側と見る側との間に分化が生じることになった。とくに町・都市の祭礼行事は，次第ににぎわい力を高めるためにも華美に彩られるようになった。共同体意識を鼓舞するために町・都市の祭礼は，「民衆」に向かって関心を高めるように，次第に豪華さ絢爛さを競うようになった。つまり，美しく華やかで，楽しむ，開かれた「見られる祭礼」が，「町・都市の祭」として定着した。柳田國男は祭を「祭と祭礼」に区分し，祭儀を主催する人（施主）と，それを司る人（神官・司祭）だけによって行われる宗教的儀礼を「祭」と称した。それに対し，公共に開かれた直接関係ない見物人や商いをする人びとが加わった神事を「祭礼」と称した。祭礼は華やかで楽しさ，美しさが求められた。

(3) 村対町・都市の祭の相違

このように町・都市の祭は祭礼であり，村の祭と祭礼とは基本的には，かなり異なるものとなった。祭礼は祭の一種で，華やかさ，楽しさ，美しさが要求され，それを見る人びとが存在する祭をいう。いわゆる祭礼は意識的に神事そのものが路上に繰り広げられ，見る人びとを意識し，もっぱら見せる視点から，次第に厳粛な神事から独立したイベント的色彩を帯びるようになった。

日本の祭は村の祭と町・都市の祭礼にて大別できる。

表6-2 日本の三大祭

区　分	祭名と開催神社名		
三大祭	祇園祭（京都市，八坂神社）	天神祭（大阪市，大阪天満宮）	神田祭（東京都，神田明神）
三大夏祭	祇園祭（京都市，八坂神社）	天神祭（大阪市，大阪天満宮）	山王祭（東京都，日枝神社）
三大祇園祭	祇園祭（京都市，八坂神社）	博多祇園山笠（福岡市，櫛田神社）	会津田島祇園祭（福島県南会津町，田出宇賀神社，熊野神社）
三大曳山祭	祇園祭（京都市，八坂神社）	高山祭（高山市）	長浜曳山祭（長浜市）
三大くんち	長崎くんち（長崎市，鎮西大社諏訪神社）	博多おくんち（福岡市，棚田神社）	唐津くんち（唐津市，唐津神社）
三大美祭	秩父夜祭（秩父市）	祇園祭（京都市，八坂神社）	高山祭（高山市）
三大川祭	尾張津島天王祭（津島市）	管弦祭（広島県廿日市市）	天神祭（大阪市）

出所）http://ja.wikipedia.org/wiki 日本三大一覧を参照作成。

① 農村を起源とする祭は共同の農耕作業という農業を基盤とし，五穀豊穣を祈願し，自然的・季節的な不安を回避するために春・秋に祭が行われる。

② 町・都市を起源とする祭は疾病・災害・災厄から逃れたいという町内相互のリスクを解消させるために行う夏祭である。町・都市型の祭は，「祭礼」とも称され，見せる祭とし，華やかな山車，屋台を引きながら，派手で，豪華な衣裳を身につけた盛大な行列などによって見る人びとを意識したものであった。

町・都市型では外なる神を招き，とくに，見る者・見物人，さらに商いをする者が存在するようになった。それゆえ，町・都市の祭は，概ね楽しむ開かれた祭礼へと変貌した。日本の町・都市型の祭の代表的な特徴としては，次のように分類できる。

① 町内をねり歩く祭（時代祭：京都）
② 華やかな芸能を見せる祭（長崎くんち：長崎）

③ 他の町と競い飾り合う祭（博多祇園山笠：福岡）
④ 水に流す祭（玉取祭：広島）
⑤ 火と灯篭の祭（那智の火祭：和歌山，キリコ祭；能登半島）
⑥ 霊界との交わりをなす祭（恐山大祭：青森）

　このように日本の伝統的な町・都市型の祭は，主催・参画する側，見る側，商いをする側にも非日常的な時間価値をもたらす。町・都市型の祭には伝統的な宗教儀式の範疇から発展したものから，現代では市民参加のパレードや商店街の活性化を目的とした神が不在する単なるイベントなどをも含め，多くの祭が開催されている。祭は人びとを集客する重要な要素と考えられており，都市の貴重な観光資源となっている。今日，祭の開催が都市の貴重な集客力となり，その経済効果は大きいと評価されている。

3. 祇園祭の特質

(1) 八坂神社の祭

　祇園祭は，厳密には，7月1日の神事始めの「吉符（きっぷ）入り」から29日の神事の終了したことを祭神に告げる「神事済奉告祭」，さらに31日の大矛の輪をくぐる「疫神社夏越祭」までの1ヵ月間というロングランの祭典である。祇園祭は現在，7月17日の山鉾巡行の前日，前々日の宵山，宵々山では人出が非常に多くなる。祇園祭は日本を代表する祭とし，かつ国内外からの観光客でにぎわう。

　八坂神社は祭神牛頭（ゴス，スサノオノ命）天王で，牛頭天王というのはインドの祇園精舎の守護神といわれている。古来，農耕社会の時代に牛馬を殺して神に祀るという風習があり，牛頭とは牛の頭を切り取るという行為と関係がある。祇園祭が行われる八坂神社においても牛を貴重な犠牲の動物として祀り，牛頭天王が神格化された。

　その背景には，平安京のような大規模な都市では，火災，飢饉，疾病のような災害疾病祓いの牛頭天王の信仰として祇園御霊会が開催されたのである。その後，次第に華やかになり，室町時代には，つくり山，白鷺の舞の鷺鉾，曲舞

車などが神輿について練り歩くようになった。

　毎年, 7月10日に各鉾町で鉾の組立てがはじまり, 鉾建てが行われる。その鉾が建てられる地点が決まっている。宵々々山（14日）から宵山（16日）にかけての3日間は祇園囃子と山鉾の駒形提灯に灯が入り四条通を中心に脇道に露店・屋台などの「商いをする者」, それを見物する「見る者」らでにぎわって宵宮が行われる。宵宮の「見る者」らは鉾町から山町へと流れ, 人びとに押されるまま巡り歩くことになる。例年, 15, 16日の宵々・宵山から17日の山鉾巡行にかけて延べ100万人以上の人出が見込まれている。また祇園祭の宵宮に華をそえる町家の「屏風祭」がある。かつて西陣の豪商などの家々が秘蔵する屏風を飾り, ミセ・ミセノマと称される私的空間を一般に開放している。いわゆる揚見世（あげみせ）ともいうバッタリ床几（しょうぎ）を外し出格子を開けはなって秘蔵の屏風を飾る雅び（風流）という習慣が行事化している。祭の宵々山・宵山の日は, 山鉾町それぞれに非日常的な異常なる華やかなにぎわい空間が演出される。このハレの空間には, 路上に突如として出現する巨大なる山鉾が立ち, また, 町家の軒下につり下げられた提灯があり, 街路の両側にびっしり露店が立ち並び, 大勢の人びとを集客する日本最大の祭といえよう。この祭を構成する主体とは, ①主催・参加する者, ②商いをする者, ③見る者が三位一体となって行動する。

(2) 祇園祭における鉾対山

1）山鉾巡行

　祇園祭の山鉾は32基であるが, 表6-3のように鉾対山は基本的に異なる。京都人は祇園祭の山鉾巡行を「朝山」ともいう。山鉾巡行は, 1956（昭和31)年からその巡行コースが変更され, 松原通から御池通に移り, また1961（昭和36）年から寺町通から河原町通へと変わった。さらに1966（昭和41）年から7月17日の「前の祭」と24日の「後の祭」の巡行が一本化され, 17日に統合化された。山鉾巡行の順番は, 先頭の長刀鉾以下, 先祭の函谷鉾, 放下鉾, 岩戸山, 船鉾, 後祭の北観音山, 橋弁慶山, 最後尾の南観音山は古例に従い, く

表6-3 祇園祭における鉾対山

	鉾	山
数	鉾7基　傘鉾2基	人が担ぐ舁山（かきやま）20基，曳山3基
曳山	屋根と車輪	鉾と同じ曳山；岩戸山，北観音山，南観音山
頂点飾り	鉾頭	真松
重さ	最大重量約12トン	1.2トン～1.6トン
高さ	約25m	約15m
人数	囃子方約40人，曳方約40人	舁山約20人

出所）島田崇志『写真で見る祇園祭のすべて』光村推古書院，2006年，58頁を参照作成。

じを引かないことから「くじ取らず」と称されている。

　四条通の巡行はお渡りといってゆっくりとしたお囃子で進み，河原町を曲がると戻り囃子となり，速度が速くなる。また，四条河原町御池などでは，方向転換をする辻回しでクライマックスを迎え，御池通を西進した山鉾は室町通あたりで解散し，それぞれの町内へ帰ることになる。

　また，24日には，花笠巡行と還幸祭が行われる。とくに花笠巡行は，1966（昭和41）年から新たに始まった行事である。傘鉾をはじめ，獅子舞，番長・稚児武者（ちごむしゃ）など，祇園祭花笠連合会の14団体が参加し，寺町御池，四条寺町から八坂神社へと戻り，舞殿で舞踊が奉納される。

　さらに，還幸祭においては四条御旅所に鎮座していた3基の神輿が夕方に各氏子を巡行してから八坂神社へと還幸する。

2）祇園祭の特徴

　このように美しく華やかな「見られる祭礼」，集客力のある「町・都市型の祭」としての祇園祭の特徴は，次のように要約できる。

① 祇園祭は，本来疾病，悪病祓いから生まれ，それは京都という都市社会だったことに由来する。都市では飲み水などを共同使用しており，伝染病が流行しやすく厄除け，伝染病除けの願いから祭が行われた。また祇園御霊会は，本来，平安遷都やその後のいく度かの政争によって多くの犠牲者が禍なく御霊の暗い影を祓うために創設された。祇園祭は怨霊の

たたりを直す．本来第二の葬式，御霊鎮送としての葬式のやり直しとして町衆によって開催された。鉾や山は風流行列が固定化したもので，その源流は葬式の行列にある。とくに，船鉾（棺・フネ）は霊的なものを運ぶ手段としての名残りであるといえる。

② 神の恵みへの奉仕は努力の糧に比例するという考え方から祇園祭ではアイデアと新たな技法が競われる。鉾や山の懸装品（前懸・胴掛・水引・見送り）の産地は西陣製が多いが，外国のゴブラン織やペルシャ製の敷物，中国（明・清朝），朝鮮（李朝）の錦裂が使用されている。とくに鯉山などの見送りは南蛮交易の時代の輸入品が使われている。16世紀におけるベルギーのフランドル製のタペストリー（壁掛）などのように国際的色彩の絵巻が山鉾に飾られている。祇園祭の山鉾巡行は，異国性，舶来性という国際性が凝縮されており，まさに「動く美術館・博物館」とも称されるゆえんである。今日，日本人はもちろん，外国の人びとにも豪華絢爛さを誇示するものである。

③ 祇園祭は，町という地縁組織と共に成長し，町組という都市共同体を形成した歴史性がある。とくに八坂神社の祇園祭の山鉾巡行は，町衆文化をバックボーンとして町組織と精神的連帯によって苦難を乗り越えてきた。また各山鉾の管理・運営は町民自体によって行われることが特質である。祇園祭は外に向けては「祇園の伝統と格式」をアピールしつつ，年に一度，内に向けては「町内間の異質感」を一時的に解消し，一体化によってお互い共通の目的へ向けて「町衆の自己実現欲求」を充足する貴重な機会ともなっている。とくに，町衆にとっては，災害，疾病，地震などに対し，多くの人びとの協力が必要なこともあり，祭を通して連帯感を高めるためにも継承されてきたのであった。

4. 八坂神社の祭と食のおもてなし
(1) 神仏習合対神仏分離
1) 神仏習合
　神仏習合は世界各地に仏教が広まった際，土着の信仰との間に起こった現象である。一般的には日本の固有の神道に対し，外来の仏教が融合し，一つの信仰体系として再構成（習合）する宗教現象で神仏混淆（しんぶつこんこう）ともいう。大化改新頃に朝廷でも仏教儀礼が見られ，神事以外に習合行事が見られた。中世には仏教の教義による神道思想が構築されるようになった。一般の神社でも，僧侶が祭祀や運営管理を行うという共存共栄のもとにあり，このような現象が明治維新までは行われていた。
2) 神仏分離
　神仏分離は神仏習合の慣習を禁止し，神道と仏教，神社と寺院とを区別させることをいう。この動きは中世頃から見られ，江戸時代に国学・儒学が盛んになると，廃仏的風潮が高まった。1661～73（寛文）年間に幕府の宗教政策により神仏分離が行われた。また，明治新政府は1868（慶応4年から明治元）年の神仏分離令（正式に神仏判然令）により，神社の別当寺の僧侶を神職に復職させ，仏像を撤去し，菩薩・権現号を社名から外した。しかし，神仏分離令自体は神道と仏教との分離が目的であり，仏教排斥を意図したものではなかった。廃仏毀釈（はいぶつきしゃく）と勘違いしたところでは寺院や仏像の打ち壊しとなった。
3) 政教分離
　政教分離とは一般的に，政治と宗教の分離をいうが，憲法学的な意味では国家や地方公共団体と宗教との分離を意味する。日本では明治以来，国家と神道が結びついていたが，第二次大戦後，連合国軍総司令部（GHQ）による1945（昭和20）年の神道指令により，国家と神道が分離された。日本国憲法では宗教団体が国から特権を受けたり，政治的な権力を行使したりすることを禁止（20条），また，財政的に宗教団体への公金支出が禁止（89条）されている。特定の宗教団体と密接な関係にある政党が所属する者が内閣の構成員になっても

違憲にはならない。しかし，近年，首相や閣僚が靖国神社へ公式に参拝することに対し，政教分離原則に抵触するとして問題となった。また，地方公共団体による神社への公金支出に関しては違憲とする最高裁判決がある。さらに，11月23日に天皇がその年の新穀を神々に捧げる年中行事，新嘗祭（にいなめさい）に知事などが参列することに対しては合憲という判決が出ている。

なお，京都市では，1970年代末から80年代初めにかけて全国的に注目された社寺に拝観料に加えて京都市の税収源として観光客から徴収する古都税（観光税）を市議会で決議した。しかし，京都市の宗教団体である仏教会は税の徴収権という政治上の権力を行使することは政教分離に違反すると，厳しく反対するという政教分離問題へと発展したことがある。京都市と仏教会との双方の対立関係は約17年間に及んだが，ようやく1999（平成11）年に和解し，政教分離問題はなくなった。しかしながら，京都市の観光振興に関する税収の確保が可能になった訳ではない。

(2) キュウリ対鱧（はも）

1）八坂神社の神紋

祇園祭はインド祇園精舎の守り神，牛頭天王を祭神として迎える八坂神社の祭である。その八坂神社の神紋がキュウリを輪切りにした切り口の模様と似ていることから，7月の祇園祭の期間中，祇園社の氏子はキュウリを植えたり，食べたりしないという。たとえば，京都府相楽郡木津町の牛頭天王の氏子らはキュウリを作らない。京都八坂神社の氏子は恐れ多いことやもったいないということもあり，絶対にキュウリは口にしない人びとがいる。一方，食べても良いという人もあり，個人的には温度差がみられよう。一般的に，八坂神社の氏子らは祇園祭が無事に終わることを祈り，願かけしてキュウリを食しないようである。しかし，鱧料理の一つで，焼いた鱧の皮の千切りとキュウリの酢の物，「はもきゅう」というキュウリ揉みが祇園祭の期間中に京都では多く食されている。

2）祇園祭は鱧

　鱧料理は夏場の京都の代表的な料理である。「鱧は梅雨の水を飲んで肥える」といわれ，梅雨明けの鱧が格別に上味である。祇園祭の宵山（7月16日）や山鉾巡行（17日）が梅雨明けの時期と相前後するところから，祇園祭の異称として鱧祭ともいわれている。鱧料理は焼き物，おつくり，酢の物，吸い物，寿司と鱧尽くしで味わえる。京都に入荷する鱧は主に淡路島の沼島産のものや瀬戸内海産である。鱧はそのままでは食べられず，骨切りという作業が必要になる。ハモ包丁という特殊包丁で，内側から表皮の裏まで切り込みを入れるが，皮自体は切断しない。鱧1匹あたり，およそ450本余りの骨があり，鱧の骨切りは1寸（約3.03cm）の長さに包丁で20回以上も，刻むため，高度な包丁捌きの技術が求められる。

5. 京都と小祇園祭のおもてなし
(1) 小京都対全国京都会議
1）小京都ブーム

　京都は歴史的に，多くの人びとを集客する拠点であった。また，全国へと京都文化を伝播・発信させてきた。その現象は，まさにハブ（車軸），つまり，集客力の拠点・根幹が京都であり，全国各地をスポーク，いわゆる支線・枝の部分として小京都・小祇園祭を伝播・発信させてきた。しかしながら，小京都という言葉が使われたのは高度成長期に入って以後のことである。1964（昭和39）年，東海道新幹線の開業，1965（昭和40）年，名神高速道路の全線開通により，京都への交通アクセスが改善され，「京都ブーム」が生じた。それと同時に古都・京都と類似する全国に点在する地方都市においても，その流れが波及し，集客の面から京都らしさが再評価され，「小京都ブーム」が起きたのであった。それゆえ，小京都とは，歴史的な概念というよりも，集客力を演出するために使われた言葉である。当初，松前（北海道），角館（秋田県），飯田（長野県），飛騨高山（岐阜県），竹原（広島県），山口（山口県），津和野（島根県），大洲（愛媛県）などの地方15市町が京都の亜流としても「ミニ京都」として

宣伝したのであった。

2) 全国京都会議の条件

1985（昭和60）年，本家の京都を中心に27市町の参加によって「全国京都会議」が発足した。しかしながら当初，規模的にも，すでに独自の文化を保有していた金沢（石川県），萩（山口県）は，京都への亜流化・模倣化を嫌って全国京都会議の発足時には参加をためらっていた。

「京都らしい」という「小京都」とは，町並み保存，すなわち「重要伝統的建造物群保存地区」のような一定の選定基準があるわけではなく，次のような基準が一つ以上あてはまれば，小京都の要件を充たしているとされる。

① 歴史的にも京文化の影響を受けている文化性
② 京都の自然景観，町並み，たたずまいなど地理的条件の類似性・近似性による風土性
③ 伝統的な地場産業・芸能などの「京都らしさ」の存在など

以上の事項が全国京都会議に加盟できる要件となっている。このように緩やかな要件となっており，加盟自体は「自己申告制」に過ぎず，最近では，静かなたたずまいの町並みがあれば，小京都と囃し立てる傾向がある。このように観光振興の面から横断的な情報を交換する場として全国京都会議が開催されている。小京都は日本的な雰囲気，建築物が立地し，伝統と風格がある京都以上に京都らしい町も多くある。とくに，多くの小京都では，地域の特徴ある建築物が集積し，日本的な落ち着いたたたずまいをもった町が多いといえよう。

(2) 祇園祭対小祇園祭のおもてなし

古都・京都の祇園祭をモデルとして，夏祭の形式が全国各地に広がっている。日本の祭の内，豪華な山車を伴うものは，京の祇園祭の影響を何らか受けている。歴史的にどこかの祭に新しいアイデアが企画されると，日本人は一律に真似る模倣の経済性が生じがちなように，このような傾向は基本的に祭においても同じである。たとえ歴史性あるいは神事が欠いた祭であってももっぱら集客力を高めたいという発想から，類似的な「小祇園祭」が全国各地で開催さ

第6章　祇園祭と祭礼のおもてなし　139

れている。祇園祭と類似の祭は江差夏祭（北海道）などから豊見城村豊年祭（沖縄県など）まで数えきれない程ある。しかし，たとえば，京都の祇園祭のものが山口の八坂神社の祭礼に伝わり，さらに山口から津和野（島根県）の弥栄神社の祇園会へと伝播した。逆に津和野から京都へ逆輸入されて復活したものもある。津和野の鷺舞が祇園祭へ逆輸入されて復活し，京都と小京都では相互依存の文化の伝播関係にある。尾張津島天王祭（愛知県）の山鉾は，祇園祭の系統で，牛頭天王社と呼ばれ，6世紀半ばに創建されている。大内弘世によって開かれた「西の京都」の周防山口は中世・近世において笠鷺鉾などを導入し，風流拍子物が主体となる都市型祭が継承されている。さらに角館祭（秋田県角館町），豊橋祇園祭（豊橋市），犬山祭（犬山市），高山祭（高山市），牛窓御船祭（岡山県牛窓町），小倉祇園太鼓（北九州市），博多祇園山笠（福岡市）などは今日，貴重な地元の観光資源と評価され，年中行事化し，都市のにぎわいを形成してきている。

表6-4　京阪神の祭礼の特性

	祇園祭	天神祭	神戸まつり
開催地	市内下京・中京一帯	市内北区・大川一帯	中央区を中心に全市域
開催日	7月1日～31日 宵山16日，巡行17日	7月24日～25日 宵宮24日，大祭25日	5月第3土曜・日曜 土曜区民祭，日曜中央祭典
中心神社	八坂神社	大阪天満宮	無（生田・湊川神社）
神事	神幸祭，還幸祭	宵宮祭，大祭等	湊の安全祈願祭等
主催団体	山鉾連合会，清々講社等	20余の講社	市民祭協会・社縁集団
組織の性格	地縁関係・町内	地縁関係・同業者	地縁・社縁・行政
参加者数	延べ約2万人	延べ約2万人	延べ約2万人
観客	延べ約100万人／3日	延べ約100万人／2日	延べ約100万人／2日
見どころ	山鉾巡行32基 宵山飾り	大川100隻の船渡 御催太鼓，地車，花火	中央祭典の国際性 区民祭の伝統と革新性
財政	保護団体の支援，山鉾町負担	商工会議所の支援 講社負担	神戸市の予算化
問題点	都心過疎，後継者	財政の不安定	発展途上，マンネリ化警戒

出所）日本都市問題会議関西会議編『都市の文化』都市文化社，1994年，190～191頁を参照。

6. 京阪神の夏祭におけるおもてなし
(1) 三都夏祭の特性

　表6-4のように京都・大阪・神戸という京阪神3市では「三都夏祭」が行われている。三都夏祭には天下に名高い京都の祇園祭，大阪の天神祭，港と居留地を原点とする神戸まつりがある。この夏祭から3市の性格が大きく異なることが明白に理解できる。三都夏祭とは千有余年の古都・京都のコンコンチキチキの囃子による豪華絢爛たる山鉾が巡行する祇園祭，またジキチンジキチンの勇壮な囃子と大川に繰り広げられる船渡御による水の都・大阪の天神祭，さらにカーニバルや海上花火大会をメイン・イベントとするハイカラを象徴する港都・神戸まつりがある。このような個性とその背後にある独自性こそが，京阪神の都市のアイデンティティに基づくといえよう。

(2) 着倒れ対食い倒れ，履き倒れ

　近世において三都とは京都，大坂，江戸であった。京の着倒れ，大坂の食い倒れ，江戸の呑み倒れ（あるいは履き倒れ）と対比されていた。三都は公家の都京都，商人の都大坂，武家の都江戸といって，文化・経済・政治面でその役割を分担していた。

　諺において「京の着倒れ，大坂の食い倒れ」や「京は着て果て，大坂は食って果てる」という対句が有名である。それらは着道楽と食道楽を意味する。「倒れ」という言葉は，必要以上に金を使い，果ては身代をつぶし，「滅び」の意味が込められている。「食い倒れ」に似た言葉の「食い倒す」は，食べたが代金を払わなかったり，あるいは身上（財産）を食いつぶしたりしてしまうことをいう。とくに，京都の「着倒れ」は高級な着衣に溺れて身上を滅ぼす破目になることを戒めている。大坂の「食い倒れ」とは大坂の人びとがとかく食べることには金銭を惜しまず，「使うために働いてんのや」と貯蓄などはしないことを表している。大坂人はいかに味覚に敏感であり，反面，美食・グルメであるかを意味している。しかし，「京の着倒れ」でなく，気配りに疲れて「気倒れ」といったりもし，水の都である大坂では「食い倒れ」ではなく，水害から都市

を守るために堤に杭を打つ「杭倒れ」とも称される。

　他方，神戸は異国情緒，ハイカラな港町のイメージから「履き倒れ」と称されている。つまり，「履き倒れ」は足元に大金を掛けることは必然的に，下から上まで，全身すべての装飾品を揃えなければならなくなり，結果的に倒れることになる。さらに，奈良人はゆったりとした性格のため眠り過ぎて「寝倒れ」となり，また，子孫代々使えるような立派な家屋を建て「建て倒れ」になると称されてきた。大坂を細区分した「大坂の食い倒れ，堺の建て倒れ，尼崎の履いて果てる」，さらに，「阿波の着倒れ，紀伊の食い倒れ」などがある。それぞれはその時，場所の地名で「着倒れ，食い倒れ」を自由自在に置き換えて呼称されている。

　今日でも，関西における三都である京阪神を「京都・着倒れ」「大阪・食い倒れ」「神戸・履き倒れ」と対比できる。このように関西の京阪神ではそれぞれの都市の土地柄や人びとの性格が異なることを区分し，各都市の異質性が強調されている。

(3) 京阪神における異質性と連携の必要性

　関西は京都・神戸・和歌山・奈良の4都市の都心を結ぶと，ほぼ平行四辺形となる。この平行四辺形に対角線を引くと，その交点が大阪都心となる。しかしながら関西の首位都市といわれる大阪は，相対的に経済性で優位性を保っているに過ぎない。とはいえ，すべての面で大阪が他の都市を圧倒するだけの絶対的な優位性，つまり拠点性・中心性を発揮できるハブ的な存在ではない。大阪は経済性に優位性をもっていても，歴史・文化・学術・景観などで京都の集客力に劣るといえよう。

　京都は集客力をはじめ，歴史・文化・学術面において関西の他都市を圧倒している。お上（皇居）のいるところ京都という都市は，古い文化遺産と山紫水明に富んだ自然景観を保持してきた。「千有余年の古都」である京都という都市に対峙した時，人びとは何を考えるであろうか。京都は「はんなり，着倒れ，雅び，わび，さび」などのイメージで表現される。それゆえ，京都を賛美し，

心酔し,ひたすら保護・保存という重圧が襲いかかってくることが多い。また国際港都・神戸は夜景,国際性,開放性,ファッション性という面では大阪よりも優位なイメージを確立している。

表6-5のように関西・京阪神の都市の文化は,それぞれ異質的であることという特性がある。関西はそれぞれ自立性の強い京都・大阪・神戸の3つの核からなる都市圏といえる。都市は個性的な異質のブランド,イメージのもとにプラスアルファを形成している。関西の都市間は異質的で独自的な多極化した力関係にある。多極化した関西の都市では,個別的な特徴をそれぞれ内包しており,観光資源のネットワーク化という抱き合わせによる集客力が構築できると強力な優位性が発揮できる。しかし実態は,都市相互間において足の引っ張り合いというマイナス面が露呈している。それゆえ,それぞれの都市の歴史と個性を活かし,分担と連携の強化という「ソフト」の構築が関西の集客力を決定すると考える。

表6-5 関西・京阪神の観光資源

都市名	代表的な観光資源	観光形態	倒れ
京都	神社仏閣・庭園・祭・年中行事	文化観光で見聞・いやし	着倒れ
大阪	USJ・海遊館・商業施設集積	都市観光で体験・快楽消費	食い倒れ
神戸	親水空間・神戸ルミナリエ・中華街	都市観光で異文化・快楽消費	履き倒れ

出所)山上徹『現代観光にぎわい文化論』白桃書房,2010年,98頁を参照。

関西の異質な都市相互間の連携は多様な観光資源を活用し,京都はもとより,大阪・神戸の三都間を回遊することが可能となる。現代の多様化した観光ニーズに対し,それぞれ独自の個性を持つ関西の各都市が広域連携を実現化できれば,強力なパワーを発揮することが可能となる。

東京との対抗意識で考えると,関西の各都市は一面で競争し,他面では相互依存関係を強め,集客力を発揮するべきである。しかし関西では個別的な対応に終始していないであろうか。東京一極集中に対抗して関西はその復権に取り組むべきである。一般的には関西なり,近畿全体の中で,京阪神大都市圏が開

放的ネットワーク・システム化による開放型・相互交流型が可能となれば，東京一極集中化に対抗することができる。関西の三都が三つ巴で一体化し，規模の経済性，範囲の経済性，さらに連結の経済性を発揮し，おもてなしの心の強みが加われば，東京への対抗が充分に可能となるであろう。

【参考文献】
島田崇志『写真で見る祇園祭のすべて』光村推古書院，2006年。
高橋伸夫・谷内達編『日本の三大都市圏』古今書院，1994年。
千葉正士『祭りの法社会学』弘文堂，1970年。
辻原康夫『日本の旅文化事典』トラベルジャーナル，2000年。
中島克己・太田修治『日本の都市問題を考える』ミネルヴァ書房，2000年。
日本都市問題会議関西会議編『都市の文化』都市文化社，1994年。
柳沢新治『祭りを推理する』東洋書院，1984年。
柳田國男『定本柳田國男集第10巻』筑摩書房，1973年。
山上徹『京都観光学』法律文化社，2010年。
山上徹『現代観光にぎわい文化論』白桃書房，2010年。
吉野裕子『祭りの原理』慶友社，1979年。
米山俊直『都市の祭りの人類学』河出書房新社，1986年。
渡邉忠司『近世「食い倒れ」考』東方出版，2003年。
http://ja.wikipedia.org/wiki

第7章
能登の文化とおもてなしの輸出力
－加賀屋の海外進出を事例として－

1. 能登半島における地勢と世界農業遺産
(1) 能登半島の地勢

　日本海に位置する能登の歴史に大きく影響を与えたのは，まず半島の持つ地形にあり，その景観が大きく2つに分けられる。日本海の中央に首をもたげて大きく突き出した荒波砕け散る男性的な海岸線が日本海に面した能登の外浦の景観がある。また，複雑なリアス式海岸が富山湾に面した波静かな内浦がある起伏と景観の変化に富んだ海岸線が能登半島の貴重な観光資源となっている。冬は荒れ狂う日本海でも，時には穏やかに凪ぐ日もある。

(2) 世界農業遺産

　能登の4市4町（珠洲市〈すずし〉，輪島市，七尾市，羽咋市〈はくいし〉，能登町，穴水町，志賀町，中能登町）では田園地帯や海岸線における日本らしい，ふるさとの原風景，たとえば，千枚田の景観や揚げ浜塩田などの里山里海をはじめ，独自の文化，田の神様のおもてなしの「あえのこと」やいしり，2節で述べるキリコ祭などが継承されてきた。そこで，2011年に国連食糧農業機関（FAO）の世界重要農業資産システム（GIAHS，通称；世界農業遺産）に「能登の里山里海」が先進国として初めて登録された。

2. 奥能登における世界無形文化遺産と文化の伝来

(1) 奥能登のあえのこと

4月から8月頃にかけて海側から吹く，さわやかな真東の風を能登の人びとはアエの風（東風）と呼んでいる。アエの風とは古来，神をはじめ，異国からの人・物・文化を運んできた風をいう。また，能登地方にはあえのこと（饗のこと）」と呼ばれる神事があり，それは「相嘗（あいなめ）のこと」である。あえのことは12月に田の神様（夫婦2神）を自宅に招いて，まず風呂へ案内し，入浴して頂き，座敷では真心込めた御馳走を盛ったお膳を神様にお供えし，一年の収穫に感謝し，その後，神人共食・共飲があり，また2月に田に送り出すというおもてなしする神事がある。祭自体は元来，姿や形もない神に対し，あたかも存在するかのように感謝の気持ちを表現するのである。まず神を迎え，心意，共食し，最後に神送りの行為が行われるという一連の迎えから送るまでのパフォーマンスの神事である。あえのこととは饗応・供応・和え・アエ味噌があるように，アエは冬から春へと季節をつなぐという意味で，また，神人共食することである。このように古より，能登の海岸線の農漁村は寄神（よりがみ）する場所があった。そこで，神々に対しては，畏敬の念をもっておもてなしをした。とりわけ，能登は外国からの客人（まろうど）に対し，手厚いおもてなしをする「土までやさしいや」といわれる土地柄である。

(2) 世界無形文化遺産

ユネスコ（国連教育科学文化機関）では，すでに無形文化遺産として日本の能楽（2001年），人形浄瑠璃（2003年），歌舞伎（2005年）を認定していた。しかし，正式に2003年第32回ユネスコ総会では人類共通の遺産として国際的に「無形文化遺産の保護に関する条約」が採択され，2006年に発効された。そこで，2009（平成21）年9月，ユネスコは，奥能登の田の神様をおもてなしする行事「奥能登のあえのこと」をはじめ，京都祇園祭の山鉾行事，アイヌ古式舞踊などを世界無形文化遺産として登録することを認めた。

(3) 能登への文化の伝来

　日本海の中央部に首をもたげて大きく突き出した能登半島には，日本海を流れる対馬海流があるため，加賀・能登に海の恵みや文物をもたらした。海に開かれていたが，しかし，背後の陸路とは閉ざされていた。陸路は閉ざされていたため，たとえば，千枚田に代表されるように農作ができる土地も狭かったので，自ずと日本海に開かれている海路を活用した。能登は海路の活用により，とくに，中国・朝鮮方面からの文化をはじめ，また日本海を上り，下りすることで，沿岸諸国とも交流するという海上の十字路となった。

　かつての能登半島は海路を往来する船により，人・物・文化が行き来した。奈良から平安時代には遣唐使に対しても，能登半島は渤海国と日本との接点の場所であった。能登半島の多くの港が江戸時代に北前船の往来で繁栄した。とくに，江戸時代に開かれた北前船の西回り航路は京都・大坂と日本海沿岸各地，そして北方の北海道までが結ばれていた。たとえ内陸とは閉鎖されていたとも，海上輸送により，各種の産物のみならず，貴重な文化が伝来したのであった。能登半島は今日でも，外来文化の影響を受けつつ，自然・神仏・祖霊が人びとの生活空間にこん然と一体化して溶け込んでいる風土である。

3. 能登・輪島における集客力といしり鍋のおもてなし
(1) 輪島のキリコ祭対朝市の集客

1) キリコの由来

　能登半島の根元に位置する口能登・羽咋市以北における奥能登一帯の祭の多くは，神輿のお供にキリコと呼ばれる直線的な角形の大型の灯籠が登場する。しかし，口能登・羽咋市以南ではキリコという灯籠が使われず，もっぱら神輿と獅子舞による祭が行われている。灯籠が登場する祭は奥能登ばかりでなく，他の日本海沿岸地域にも行われており，たとえば，青森のネブタ，秋田の竿灯（かんとう），新潟・弥彦の花灯籠，魚津のタテモンなどがある。灯籠自体の形や用い方はそれぞれ異なるが，海という交通路で往来していた歴史もあり，かなり類似性があり，共通の文化交流圏に属していたことが読み取れる。

キリコは切子灯篭，切籠に由来し，神々を招く目印となる「依り代」で，また，夜道を照らす「お明かし・奉灯」である。この神事は悪疫・邪気を追い祓うことにある。つまり，キリコは夜の海原をわたる蓬莱船であり，常世からの宝船といえる。キリコの胴体には紙に願い事を書くのであるが，漁師町では「龍神遊」「海有幸」「躍銀鱗」，また商人町では「桃源遊」「随処楽」と享楽性を，さらに「凌雲志」などの高潔さを願う。さらに，歴史上の人物，武者絵などが描かれている。能登における夏祭のキリコ祭の発生起源は京都の祇園祭系のものや，疫病・水魔の難を逃れる夏越の神事を起源とするものが多い。

2) 輪島のキリコ祭

　奥能登の中心地，輪島大祭のキリコ祭は8月22日から25日の4日間，旧4町内（奥津比咩神社祭，重蔵神社大祭，住吉神社祭，輪島前神社大祭）で行われる。その昔，舳倉島（輪島沖）に鎮座した女神と輪島市内の男神が松明の明かりを目印に一年に一度会うというロマンあふれる祭である。華麗な輪島塗のキリコが太鼓と笛と鉦（シャギリ）の囃子と力強いかけ声にのって神輿にお供する。

　電灯がない時代は高さ12m級の巨大なキリコが巡行していた。電線が妨害となり，今日ではキリコの高さが5，6mと小型化し，担ぎ手も20名程度となっている。この祭礼では風流灯籠のキリコに加え，笛・太鼓・鉦の囃子の力強い交響音を伴い，路上でパフォーマンスが行われ，その後，闇夜を照らす柱松明の炎上行事が行われる。奥津比咩神社祭では顔に紅やカラフルな腰巻姿に女装した若衆に担がれた神輿が袖ヶ浜海岸から海に入るという輪島でも珍しい奇祭が行われる。重蔵神社大祭は川井地区の各町内から担ぎ出された総輪島塗のキリコが重蔵神社に集結し，神前で，各自のキリコの勢いを誇示するパフォーマンスが行われた後，河井浜では大松明を勢いよく倒し，若者らがその炎の中に御幣を取りに行く。それがこの大祭のフィナーレを飾るイベントである。住吉神社祭は三角州までの道中に架かる橋の上を走るキリコのパフォーマンスが見物できる。三角州に到着後，柱松明神事が行われる。輪島前神社大祭では鯛やエビの形をした神輿と竹キリコが輪島崎の通りを幾度となく駆け抜ける。大漁旗を掲げた漁船の群れも圧巻であり，大松明がフィナーレとなる。

3）キリコ祭の開催効果

　まさに，今日，キリコ祭の祭礼は年に一度の大イベントであり，地域活性化に貢献している。能登地方では「キリコ祭にゃ帰ってこいや」という呼びかけ言葉がある。地元から流出し，都会に住んでいる郷土出身者らは毎年，キリコ祭の日が近付くと，郷土愛・望郷心が高まり，キリコ祭の求心力が働き，続々と町内へと戻って来るのである。

　キリコ祭の開催は地元に，次のような効果をもたらせている。

① 祭の事前準備・開催・事後まで，住民の連帯感を高める。
② 他郷に出た人びとが郷里へと回帰する。
③ 神との共食・ヨバレを通じて疎遠な地縁・血縁との交流機会となる。
④ 町内路上を劇場として年に一度の老若男女が総出で参加するパフォーマンスができる。
⑤ 住民が地元文化を継承できたことを再確認できる。
⑥ 次世代の子供らへ地元の祭が素晴らしいことを伝承できる。
⑦ 祭は主催する側の労力と金銭を使うが，地域全体への経済効果を生み出す。

　なお，輪島市内の能登のお祭館「キリコ会館」では，立派な輪島塗や金箔付きの巨大な灯籠をはじめ，現在もキリコ祭で使われている巨大なキリコが数多く保存展示されている。

表7-1　日本三大朝市

都市名	朝市名
石川県輪島市	輪島朝市
岐阜県高山市	高山朝市（飛騨高山宮川朝市，陣屋前朝市）
佐賀県唐津市	呼子朝市

出所）http://ja.wikipedia.org/wiki 日本三大一覧を参照作成。

4）輪島朝市のおもてなし

　朝市とは，決まった日の早朝に1ヵ所に集まり，持ち寄った野菜や魚介類な

どを売買する市をいう。表7-1のように能登半島の先端，外浦の輪島朝市が日本三大朝市となっている。輪島は能登観光の中心地であり，目抜き通りに立つ朝市は全国から大勢の人びとを誘引している。朝市の歴史は明治期に遡るが，全国的になったのは能登に観光客が増え始めた1960年代以降であり，とくにマイカー時代となった1970年頃からである。午前8時から12時までは車両通行禁止の規制がなされ，毎朝200以上の露店が沿道に並び，鮮魚，干物，海藻，樽に漬ける海産物の糠漬けの保存食などをはじめ，近隣産の野菜，漬け物，味噌，花，さらに，輪島塗の工芸品・民芸品が売られている。海の幸・山の幸の食材を安く購入できるばかりでなく，朝市の素朴なおばちゃんらと，能登弁を交えた掛け合い，「こうてくだぁ」「負けとくよ」の元気な声を聴くことができるので，地元輪島の人びととの交流の場・時でもある。

(2) 奥能登における魚醤対いしり鍋
1) 魚醤のいしりの製法
　魚醤（ぎょしょう）とは醤油の一種で塩辛に近い製品である。それは魚介類の可食部または内臓に食塩を加え，防腐しながら自己消化酵素と微生物の作用により熟成をさせ，分離した液状部分を加熱，濾過したものである。このような魚醤は魚独特の生臭さはあるが，その旨味は米，麦，豆を発酵させて塩を加えた穀醤（こくひしお）から製造された味噌・醤油と比較し，決して劣るものではない。
　魚醤の原料魚はそれぞれの漁港で陸揚げ量の多い魚種が使われる。つまり，他の水産加工物の副産物として魚醤が生産されている。魚醤には秋田でハタハタ，イワシ，小アジ，小サバなどの頭部や内臓などを原料魚とした「しょっつる」，四国・香川では10cm程の銀白色の細長いイカナゴを原料魚とした「いかなご醤油」，それらとも類似する能登の魚醤が「いしり，いしる，えしる，よしる，よしり」などと称されている。それらはうしおしる（魚汁）から「いおしる」「いしる」へと転化したものである。本書では「いしり」の名称を用いることにする。

奥能登のいしりは，イカ（烏賊），イワシ（鰯），小アジ（鯵），小サバ（鯖），さらにトビウオ（飛魚）などの魚類の頭部や内臓を樽に入れ，重石で塩漬けにし，約1年間の発酵，熟成させて濾しとったエキス汁である。つまり，魚肉のタンパク質を魚の内臓にある酵素により，分解し発酵・熟成させた汁で，魚類からできた醤油である。

　いしりは奥能登に伝わる漁師古来の秘伝の調味料である。いしりを保存しておけば，それを年中使用することが可能である。今日でも，能登の農漁村では欠かせないおもてなし料理の調味料である。しかし，いしりの魚独特の生臭さ，塩辛さに馴染めず，とくに，奥能登にはじめて来た，いわゆる，一見さんの若い人びとには，その風味が好まれずに毛嫌いされるという場合もある。一方では，奥能登へたびたび訪れ，素朴ないしりの味覚が忘れられなく，とりこになっている人びとも多い。つまり，個性ある魚醤いしりを好き嫌いで分けると，毛嫌い派ととりこ派の二極化が起きているといえよう。

2）素朴な味「いしり鍋料理」

　魚醤いしりは天然の熟成したこだわりの調味料である。いしりのとりこ派の人びとにとって，寒さが厳しくなる秋頃から冬季にかけて食する能登の郷土料理の代表が「いしり鍋料理」である。いしりを活用した鍋料理は能登らしい素朴な味が堪能できる味付けとなる。こだわりの調理法は，旬のアマ海老，寒ムツ，輪切りにしたイカ，貝などの魚介類に，白菜，大根，ネギ，なすなどの野菜類やきのこ類の食材を混ぜ入れ，いしりで味付けした出汁で煮込む。土鍋やホタテ貝の大きめの貝殻に能登で獲れた魚介類や海藻類，さらに野菜類の食材はいしりの特有の風味がしみ込み。その食感を一度味わうと，その味が忘れられなくなる人びとが多い。さらに，山菜の一夜漬け，漬け物のつけ醤油や各種の料理の隠し味としても利用でき，多くのとりこ派に珍重されている。

4. 能登・加賀における人びとの気質
(1) 能登対加賀の気質
1) 能登の人びとの気質

　能登は裏日本という言葉に代表されるように「荒波・暗鬱・灰色・暗い冬」といったイメージが折り重なる。日本海の厳しい荒波に耐えている能登の人びとを評し，古より「能登はやさしや土までも（草木まで）」の諺がある。やさしいは「優しい・しなやか・粘り強さ」を意味する。とくに，その言葉は風雪に耐え，コツコツと粘り強く生きる姿を表現している。能登の人は加賀の人びとと異なり，人情味にあふれ，ヨソ者にもやさしく接するというおもてなし心に長けている。お高くとまっている加賀とは正反対で，能登はどこへ行っても人びとは気さくに打ち解け，おもてなしの心にあふれている。能登人はふところの深い日本人の原郷ともいえるやさしい気質を有しているといっても過言ではないであろう。

　一方，能登は半島という言葉から多分に閉鎖性の代名詞といったイメージで捉えがちである。能登半島では歴史的に古代は古代なりに，中世は中世なりに，近世の鎖国時代でさえ，海へ向かって生活の場を確保してきた。半島という閉鎖的な背後の陸路を克服するために，海に面する海洋を交通路とする優位性，開放性を大いに活用してきた。海を生活の舞台，漁労活動の場，海上からの交易の場として捉えてきた。能登人は能登を「海を隔てて」孤立し，単に荒波に耐えているだけではなく，海を介して朝鮮や大陸の異国へと出かけた。とくに，京都や沿岸諸国へ向かう玄関口と捉え，未知の世界に向かっていく開拓心，冒険心という気質をも育んできたといえよう。

　昔から能登人は単に荒波や風雪に，辛抱強く耐え，凍えているだけではなく，海を介して国内外へと出かけたように開拓心・冒険心が旺盛であった。事実，青雲の志を抱き関東・関西に裸一貫で移り住んでも，独立して銭湯や豆腐店などを営む人びとが多かった。1人の成功者が出ると，同郷の若者を呼び寄せ，能登人同士で相互扶助の共同体を形成し，助け合ってきたのである。

2）加賀の人びとの気質

　加賀，とくに県都・金沢の人びとは穏やかで文化的な生活を好む。しかし，決断力や気概に欠けるといわれている。というのも，加賀は加賀百万石として知られたる前田家の城下町・金沢市を中心とする地域である。江戸や大坂では町人が文化や芸術の発達に貢献していたが，しかし，加賀の人びとは金沢を小京都と称されることさえ嫌う。本質的に京都の発展は公家文化が主力であったが，加賀では武家や大名が文化や芸術を発展させる原動力になってきた点から双方の相違性が強調できる。

　現代の加賀の人びとの気質は一般に身の丈以上に見栄っぱりで，たとえば，金沢の結婚式は名古屋に負けず劣らず派手で，家具調度や洋服などは大量の高級品を取り揃え，身の丈以上に娘のために金銭をかける土地柄である。

(2) 能登・加賀の人びとの開拓精神

　風光明媚な海岸線の自然，また，海の幸に恵まれた能登に対し，加賀は学問や美術工芸を奨励した前田家の政策の置き土産の文化遺産がある。つまり，能登では輪島塗の漆器，加賀では加賀友禅の着物，九谷焼，大樋焼の抹茶碗・陶磁器，金箔や蒔絵の細工物，山中塗などの名品が産出されている。しかしながら，雪国の石川県民は決して伝統だけを守って「伝統にアグラ」しているわけではなく，他方では先取的で，革新的な開拓精神を有している人びとがいるといえよう。

　というのも，加賀・能登の人びとは保守的な土壌に育ったからこそ，逆に反発心・向上心が旺盛な人びとも多く輩出させたといえる。とくに，北前船の往来で栄えた能登・加賀の人びとは，明治期以降も，新天地を求めて北海道などへと移住し，その中には成功した人びともいる。石川県民は冬季の日本海の荒波・風雪に耐え，培われた忍耐強さ，とくに，海を介して活躍した開拓心・冒険心が旺盛である。しかし事実，加賀・能登人で開拓精神の旺盛な人は多くはおらず一握りの人数かもしれない。しかしながら，保守的というよりも，裸一貫，海を介して培ってきた気骨ある先取的で，挑戦的に生きる力強い精神は今

日でも，石川県民に根強く受け継がれてきているといえよう。

5. 能登・加賀屋の企業文化と極上のおもてなし
(1) 加賀屋の史的発展対加賀屋流のおもてなしの心
1) 加賀屋の史的発展

　能登半島の内浦のふところ，四季を通じて波静かな七尾湾を前にする和倉温泉は山水極致の景観で映える北陸の名湯である。湯自体は1200年前，平安時代の大同年間（806〜810年）に湯の谷が発見されたという。その昔，一羽の白鷺が傷ついた足を海中から湧き出た温泉で癒したところを漁師が発見したことに由来する。温泉地としてにぎわいを呈したのは，海中の湧出口を囲った「湯島」を築いた江戸時代の元禄期（1688〜1704年）の頃からである。それはまさに海の温泉といえる。和倉は「湯が沸く浦」という表現から「湧く浦」「和倉」と転化した。明治期から海岸の埋立てが行われたため，その源泉は現在の加賀屋周辺といわれている。

　加賀屋（創業者・小田興吉郎，女将・孝の夫婦）は，1906（明治39）年に客室12室30名で創業したのであった。和倉温泉は能登でありながら加賀屋となった理由とは創業者が加賀の津幡出身であり，天下の加賀百万石という知名度と同じように飛躍することを願って加賀屋の屋号を使ったものである。

　現在，和倉温泉の年間客数は約100万人であるが，その内，加賀屋とグループの姉妹館「あえの風」を合計すると，年間約35万人である。加賀屋は和倉温泉の年間客数の約35％の集客力を誇っている。加賀屋本館の建物から客室が集中する4本の棟がそびえ立っている。加賀屋本館は1965（昭和40）年に建てられた「能登客殿・客室40」，また，1970（昭和45）年に建てられた「能登本陣・客室36」，1981（昭和56）年に建てられた「能登渚亭・客室77」，さらに，1989（平成元）年に建てられた「雪月花・客室93」の4棟で構成されている。

2) 加賀屋流の極上のおもてなしの心

　21世紀，温泉地を元気にするには，日本文化として和風をテーマとした宿

泊施設づくりが大切になる。加賀屋では日本文化を原点とし，そのこだわりを大切にしてきた。なぜならば，日本の一般家庭では，洋室化が普及し，日本人の日常生活自体，洋風化が定着化しており，和風建築や様式の良さを見失った生活をしている。宿泊する以上，お客はわが家の自室以上の高級レベルを求める。温泉旅館では日本文化の最後の砦として純和風から非日常性を感じ取る。加賀屋のおもてなしはハードな施設面で，下駄・和傘はもちろん，室礼は障子・襖・畳・床の間・掛軸などを完備し，さらに，露天風呂などからお客は非日常体験を楽しめる。また，ソフト面では，地元の食材のこだわり，旅を感じる郷土料理の専門店としてこだわりの味を食することができる。料理は温かいものは温かく，冷たいものは冷たくが基本である。加賀屋では能登の名物料理をセールス・ポイントにしている。

さらにヒューマン面のおもてなしでは常連客の食事メニューを記録し，次回は同じ料理を出さないというこだわりを徹底している。また，お客の好き嫌い，浴衣の好み，嗜好品を記録して次回の来訪に備えている。このような考え方には顧客満足から個客満足への発想転換が感じられる。このような本物のこだわりに徹している加賀屋では不況下でも，多くのお客の支持を受け続けているのである。

日本のおもてなしの良さを象徴する加賀屋では，1部屋に1人の仲居が付き，お客が心底くつろげるような細やかな「気配り，目配り，心配り」を実践している。たとえば，お客の名前を覚え，名前でお呼びし，お客は自宅でくつろいでいるかのような錯覚を感じ，心地よさに酔いしれさせる。

3) 能登における加賀屋の存在

創業以来，日本的な極上のおもてなしを加賀屋の企業文化としてこだわり，和風のおもてなしを大切に継承し，かつ，時代の変化，需要の変化に対応し，つねに革新的な試みを展開してきた。その精神こそが能登・加賀にみられる石川県民の特性といえる。とくに，革新への挑戦こそが今日の加賀屋の躍進を可能にしてきた。加賀屋の経営理念は，おもてなしの心（ホスピタリティ）でお客と接することである。具体的には，「笑顔で気働き」「お客の期待に応える」

「正確性を追求する」「クレームゼロを目指す」とある。

近年，国境を越えて海外進出するというサービス業が増加している。長年，日本では外国人観光客がインバウンドしてホテルなどを利用するサービス取引に過ぎなかった。しかし，日本的文化を基軸とした極上のおもてなしを提供する宿泊業の海外進出が展開されるようになった。

とりわけ，「プロが選ぶ日本のホテル・旅館100選」で31年間も，連続総合第1位を獲得してきている能登・和倉温泉の加賀屋では，毎年約1万人以上の台湾人観光客が国境を越えて来訪している。加賀屋では国際交通アクセスとして能登空港や小松空港を活用し，チャーター便ツアーを行うなど台湾人観光客を積極的に受け入れてきた。加賀屋のおもてなしは均一・画一化した単なるマニュアルに基づくサービスを行うだけではなく，日本的なおもてなしを企業文化として極上の接客技法を開発・創造してきた。

ここ15年以上にわたり，加賀屋では台湾人から極上のおもてなしが高く評価され，観光輸出力の実績を高めてきたこともある。2010（平成22）年12月，わが国の純和風で極上のおもてなしを基軸とした宿泊業が海外，台湾進出を果たした。

表7-2 加賀屋における三間価値のおもてなし

間合い	概　　要
空間（モノ）ハード	日本的文化の佇まい，能登・加賀文化を誇示，和風客室，景観，オープン・スペースの確保，食具・食材の確保
時間（コト）ソフト	独自の企業文化，送り迎え方式，極上のおもてなし，こだわりのメニュー，配膳システム，調理法の確立
人間（ヒト）ヒューマン	経営者の革新性，女将・仲居などの一期一会の精神，スタッフの立居振舞いの洗練化への努力

出所）山上徹『ホスピタリティ精神の深化』法律文化社，2011年，43~44頁を参照作成。

(2) 加賀屋流の極上のおもてなしの海外進出

加賀屋では日本人ばかりでなく，外国人，とくに台湾人観光客に対し，極上のおもてなしを提供してきた。日本的な接客という日本文化のおもてなしで海

外・台湾への進出を加賀屋に決断させた動機はなんであろうか。

2010年12月に能登・加賀屋が台湾の温泉発祥の地・北投温泉でオープンした。加賀屋が台湾へ進出したのは，次のような背景が考えられる。

① 加賀屋の海外のインバウンド客は90％が台湾人（毎年約1万人）である。
② 台湾人は親日的である。
③ 加賀屋自体が海外進出を考えていた時期であった。

このように伝統文化を守り，手厚いおもてなしを売りにしてきた加賀屋は国内外のお客から支持されてきたのであった。

加賀屋では台湾で極上のおもてなしである日本文化を直接，販売する現地生産が開始された。その場合，日本的文化を基軸としてきた企業文化を台湾人用に適応させ，調整することができるか否かが重要な課題となる。

さらに，加賀屋では台湾から中国人への輸出観光を推進する戦略を考えている。そのため，中国人の個人観光客の取り込みに乗り出している。加賀屋とリンケージ先である台湾の東南旅行社（台北市）は台湾だけでなく，上海，北京，および大連に営業拠点を持っている。加賀屋は台湾という域内ばかりでなく，中国の富裕層へと照準を移し，日本の精神的文化を基軸とした極上のおもてなしの観光輸出を展開している。

能登・和倉温泉の加賀屋が新天地・台湾へ海外進出したことは宿泊業界におけるパイオニアといえる。まさに能登人は保守的な気質といわれてきたが，その風土から脱皮するエネルギーは極めて先取的・挑戦的な試みであり，高く評価できる。

6. 日本人とアジアの富裕層との類似性対異質性

現代ビジネスにおいて利益を拡大するには，人件費を節約し，出来るだけ効率性を優先し，単価を安く，低価格化で販売するか，逆に，差別化のため，付加価値を出来るだけ付け，単価を高くし，質の高い商品を販売するという二極化が進んでいる。今日，前者よりも，後者がお客の心をつかみ，リピーターを増やし，売上げを伸ばす場合が多い。

その理由には，今日，世界中，どこでも出来るだけヒトを排除し，機械化，自動化する社会になっている。そのような無味乾燥な社会現象の蔓延に対し，逆に，機械化しないで，ヒト対ヒトの心の触れ合う接点があることを切望する人びとが多くなっている。そのため，同業他社との競争においてお客と対面する接客態度の良否が問われる。おもてなしの立居振舞いに磨きをかければ，会社や商品の差別化にも結びつき，ヒトの手による，心のこもった「極上のおもてなし」の提供が，企業の収益を左右することになる。

 アジア諸国の経済成長パターンはV字型に編隊を組んで飛ぶ雁（flying geese）の群れの如く，アジアにおいて雁行的経済成長した先発国日本人と遅れて経済成長したアジアの人びととの消費性向には，以下のような理由から類似性と異質性が見られる。

(1) 類似性

 現在，日本人もアジア人も双方共に企業の経済合理性の追求が蔓延していることもあり，消費性向は基本的に，類似している。現代社会では物質的文化が大量生産され，一方，それを大量販売するために，サービスの標準化がなされている。そのサービスを提供する企業は不特定多数の顧客を対象とし，マニュアル化，均一化・画一化でもって効率性を追求している。究極的な状況には，コインを入れれば商品が出てくる自動販売機のようなサービスが行われている。そのように詮索されず，「無味乾燥なサービスをよし」とする人びとがいる一方，同時に，「丁重で細やかなおもてなし」を求める人びとが存在するという二極化現象が併存している。とくに，「極上のおもてなし」で社会的地位を誇示したいとするアジアの富裕層が増えており，その消費性向は日本人と類似しており，二極化現象が見られよう。

(2) 異質性

 日本の社会では，20世紀半ば頃から大量の「有形なモノ」が溢れ，経済合理性が蔓延する社会となった。その結果，多くの日本人がすべての文化をモノ

扱いするようになった。時には精神的文化である人格さえも無視され，モノ扱いされがちである。たとえば，代理母，臓器売買，腎臓移植問題などをはじめ，また，何の戸惑いもなくヒトの死体の映像をメールで送り合うようになった。日本では他人への思いやりや心遣いといった古より引き継いできた日本人らしい礼節が忘れ去られ，もはや人間さえもモノ扱いする社会となってしまった。

そこで，このようなモノ扱いの反動として日本人の関心は人間そのものの覚醒，ヒトにしかできない分野，部門が再認識されるようになった。とりわけ，日本の慣習であった精神的文化である極上のおもてなしが「日本らしい」として衆目の関心事となっている。日本人自身，「日本人のこころ」である日本的な精神的文化へと回帰するべきとの機運が高まっている。そのようなことは加賀屋流の極上のおもてなしに関心が集まっていることからも理解できよう。

他方，近年，経済成長の著しいアジアの富裕層の中には他人との差別化，いわゆる特権意識や自己の社会的地位を確認・誇示するために日本的な精神的文化を求める傾向が高まっている。その性向はモノ扱い化されることへの不満を感じる日本人とは異なり，アジアの富裕層はその特権意識から日本的な精神的文化を選好するようになってきている。その富裕層の欲求は，一般的に名声や世間的体面性を最優先し，その消費の基準自体は，物資的な文化から目にみえない精神的文化へと志向するようになってきている。アジアの富裕層の消費行動は，上下関係となる差別化のためや，見栄・名声といった観点から生じるものである。現在のところ雁行的経済成長したアジアの先発国日本はアジアの人びとから物質的文化ばかりでなく，非物質的文化の面でも高質的，高級的であると認識されている。アジアの富裕層は自己の社会的地位を誇示したいという欲求心から日本的な精神的文化を基軸とした極上のおもてなしを選好する。とくに，加賀屋の極上のおもてなしは個人を丁重に気遣う点が評価されている。アジアの富裕層は「細やかな気配り，目配り，心配り」というホスピタリティあふれるおもてなしが自己の存在を誇示できることとなり，能登・加賀屋へと来訪していた。

このようなアジアの富裕層の消費性向に対し，たしかに日本人でも，同様の

消費行動をする人びとも存在する。しかし，多くの日本人は経済合理性に基づくモノ扱い社会からの反動として，ホスピタリティあふれるおもてなしを求めている。それゆえ，日本人とアジアの富裕層との双方の消費性向は異質的であり，本質的に差異が見られよう。

7. 日本的なおもてなしの輸出力と現地化
(1) 加賀屋のおもてなしの輸出力
　日本企業のアジアへの進出には，第1章（3頁）に述べたように文化の停滞，つまり，最初に経済合理性のもとで生産されたモノのグローバル化からはじまり，次に制度的文化である誰にも同じにするというようなサービス輸出が行われてきた。最後に，今や精神的文化の輸出，いわゆる個々人を大切にする極上のおもてなし，つまり，「細やかな気配り，目配り，心配り」というおもてなしの輸出がアジア諸国で受け入れられる時代となった。

　日本的なおもてなしを提供する加賀屋においては，まず国内の一つの旅館内の活動から出発し，その後，国内の数ヵ所に営業活動を拡散する段階を経てきた。次第に，おもてなしの良さが日本人に認知されるばかりでなく，外国人をも誘引するパワーを蓄積し，国内外の人びとにおもてなしという企業文化が高く評価されるようになった。さらに，評価が広まり一定の外国人数の確保が可能になると，海外へ営業活動を展開するために海外立地をする。当初，現地の人びとを対象に営業活動を展開し，さらに，それを拠点として周辺国・中国の人びとをも誘引するといったライフ・サイクルが展開されている。

　先に述べたように能登の加賀屋では近年，日本的なおもてなしを基軸とした文化の運搬者・輸出者となり，台湾で直接，現地生産を開始した。日本的文化を基軸にした極上のおもてなしの心を台湾人や中国人に対し，加賀屋が適応させるのには，次のような課題が考えられる。

(2) 加賀屋の「強み」の進化
　加賀屋では，「おもてなしの心」を企業文化とし，その日本的な精神を基軸

とした，極上のおもてなしという強みを発揮してきた。加賀屋のスタッフ自身は長年にわたり，丁重な立居振舞いができるように努力を積み重ねており，それを洗練化し，独自性が高く，企業の強みとして昇華するに至っている。同業他社と比較し，ハード面の箱モノの施設の素晴らしさよりも，ヒトのおもてなしに対する「強み・良さ」が差別化の強力な要素となって企業ブランド化している。それは単にマニュアルに依存した均一・画一化した立居振舞いではなく，加賀屋のスタッフ（仲居）は臨機応変な対応力を育んできた。しかし，おもてなしには完成するという到達点がなく，それぞれの事業部門間で，各スタッフ自身は，さらにおもてなしを洗練化し，完成に向けて進化・深化させることが必要なことは当然である。とりわけ，日本の和風の極上のおもてなしが海外市場環境下で，日本人ばかりでなく，アジアの人びとにおいても，加賀屋のスタッフの立居振舞いが，強みを発揮できるかは努力次第であり，今後とも進化を続けることができるか否かにかかっているといえよう。

(3) スタッフの現地化対三方よし

おもてなしの企業文化をアジア市場へと輸出する際，あまり性急に浸透させようとすると，結果的に事業そのものを失敗に導く恐れがある。そこで，海外で業務を行う際，とくに，現地化するには，ハード（モノ）な施設面の善し悪しの問題よりも，むしろスタッフ（ヒト）の人材育成，ソフト（コト）なおもてなしのスキル，さらに，三方よしの考え方を推進することが賢明なことと考える。

1）スタッフの現地化

海外進出した日本の企業の成否の判断基準は最終的に，ヒューマンな面における「現地化」が果たされているか否かである。宿泊業の加賀屋では日本的なおもてなしの心というソフト面の企業文化をアジア市場に浸透するにあたり，現地で大勢のスタッフ（ヒト）を雇用する必要性がある。

日本の戦国時代の武将・武田信玄（1521～1573年）は，かつて「人は城，人は石垣，人は堀，情けは味方，仇（あだ）は敵なり」という名言を残している。

ハード（モノ）な城，石垣，堀だけが自国（企業）を守るものと考えるべきでなく，ヒューマンなヒトの育成こそが最も大切なことを強調した。さらに，マイナスの敵対関係はともかく，ソフト（コト）な情け（思いやり・おもてなしの心）が武器になることを主張した。

まさに海外進出した企業の成否には，ハードな箱モノへの巨額な資本が問題視されがちである。しかし，ソフトなおもてなしの立居振舞いを実践するスタッフを含め，ヒューマンな人材育成ができているか否かがより重要となる。つまり，宿泊業の経営体制を現地化するには，スタッフをはじめ，おもてなしの心を実践できる人材の確保が必要不可欠である。とくに，接客する人びとのおもてなしには完成という到達点がなく，臨機応変で適切なる対応が求め続けねばならない。それゆえ，まず，スタッフ個人の自覚を高めると同時に，組織全体としてチームワーク力の良さが非常に重要になる。とくに，現場では，「おもてなしの強み・良さ」をつねに進化・深化し続けられるような職場づくりが必要となる。スタッフの教育・訓練には国内の場合，主に同じ文化を共有する日本人同士を対象としており，一度の研修で成果があるかもしれない。しかし，異文化の海外では日本人以上に徹底した研修機会を重ねることが大切になろう。

2) 三方よしの現地化

海外進出した企業は単に質の高い商品，美味しい料理や丁重なおもてなしの接客によって，一部の富裕層である顧客を満足させているだけでは不十分，不完全である。

そこで，江戸時代，現在の滋賀県である近江商人の中村治兵衛の商法に，「三方よし」がある。つまり，「売り手よし，買い手よし，世間よし」の考え方である。その商法は①売る側，②買う側，③現地住民という3者が満足するという「三方よし」を目指すべきとした。①売る側と②買う側との取引の当事者間だけではなく，売り手である加賀屋は「世間よし」に当たる③の一般大衆，とりわけ，現地住民へ儲けた利益を還元することが必要となる。「世間よし」とは商品を購入する一部の富裕層である消費者，顧客ばかりでなく，現地住民の

人びとからも好感度良く歓迎されるということである。単に日本的文化を基軸とした「おもてなしの需要があるから出店した」という海外市場進出ではなく，ローカルな「現地住民とも共存関係を築く」という考え方へと，さらに踏み込むことが大切になる。

　要するに，経済成長の著しいアジア市場への日本企業の進出は，顧客満足を考えるだけでは十分とはいえない。海外進出した企業のおもてなしの真髄は，お客の「買い手よし」を重視するばかりでなく，さらに，その現地の人びとにも日本企業の存在が歓迎されるという「世間よし」と評価されることが求められる。日本的文化といえる極上のおもてなしを輸出した加賀屋に対しては，長期的にも，この三方よしの考え方を実践し，現地で歓迎される存在になることが最大の課題といえよう。

【参考文献】
赤松要『世界経済論』国元書房，1965年。
網野善彦編『日本海と北国文化』小学館，1990年。
今村充夫『加賀能登の年中行事』北国新聞社，1977年。
小倉栄一郎『近江商人の開発力』中央経済社，1989年。
小原敬士訳『有閑階級の理論』岩波書店，1982年。
神崎宣武『まつりの食文化』角川学芸出版，2005年。
高橋秀雄・今村充夫『祭礼行事　石川県』桜楓社，1992年。
福野勝彦『東風に吹かれて』回天蒼生塾，2007年。
北陸総合学術調査団『北陸と海運』北陸中日新聞社，1963年。
細井勝『加賀屋の流儀』PHP研究所，2006年。
藤平朝雄『能登劇場八十八』中日新聞社，2008年。
八幡和郎『お国がら人間学』幻冬舎，2005年。
山上徹『ホスピタリティ精神の深化』法律文化社，2011年。

第8章
宗教のタブーと食文化

1. 日本人における一神教対多神教への宗教観
(1) 宗教信者数

　科学が進歩した現代であってもなお，宗教の存在感は増し続けている。日本人は無宗教を標榜している人びとが多いが，日本の風土に根付いてきた宗教文化の影響を受けており，それぞれ特定の宗教観を形成しているといえよう。

　世界の人口は1950年に約25億人，1987年に約50億人，2011年に約70億人となり，さらに21世紀の後半には約100億人に到達すると推定されている。今日，世界の総人口約70億人の民族は何らかの宗教に帰属しており，その影響力を受けている。中東やインドネシアを旅行している際，夜明けや夕日の沈む時に，イスラム教の聖堂（mosque）などから荘厳な祈りが鳴り響く光景に出くわし異文化さに日本人は驚かされる。また，多くの宗教では食について厳しい戒律が存在していることに驚く。

表8-1　日本の宗教信者数と割合
（2009年12月現在）

宗派別	信者数（万人）
神道系	10,843
仏教系	8,751
キリスト教	237
諸　教	888
総　数	20,718

出所）文化庁編『宗教年鑑経聖21年版』ぎょうせい，2011年，34～35頁を参照。

表 8-1 のように日本の宗教信者数は約 2 億人となっているが，その数字自体は日本の総人口約 1 億 2,500 万人をはるかに上回っている。日本人は 1 人で約 2 つの宗教に帰属していることになる。とくに，神道系の宗教法人の神社は約 8 万社あり，約 1 億人の信者数を擁している。日本は多神教であり，神道系ではそれぞれの地域住民を氏子としてそれを含んだ人数を都道府県へ申請している。またそれ以外に，宗教法人自体はそれぞれの勢力を誇示するために実数よりも，多めに申請している場合がある。信者の定義，資格などはそれぞれの宗教団体で個別に定めており，集計数自体はそれぞれ独自の方法で行われているという結果，日本の全人口数よりも信者数が多くなっている。

(2) 一神教対多神教の宗教観
1) 一神教の宗教観

宗教はそれを祀る「神」の数により，表 8-2 のように一神教と多神教などに大別できる。多神教は，山のカミ，水のカミ，木のカミ，土のカミ，石のカミ，火のカミなどの神々や精霊などを崇め信じる宗教観に基づく。日本ではさまざまな神々が個体的性格を持ち，その役割はそれぞれ異なる領域を対象としている。

一神教とは，唯一の神だけの存在を認め，信仰の対象とする宗教でユダヤ教，イスラム教，キリスト教などが代表的である。たとえば，キリスト教では「父なる天の神」「子なる神のイエス・キリスト」と，個々の信者に現れる救いの霊として「聖霊なる神」が横並びに存在する。しかし，3 つの神は「3 つなれども一つだ」という三位一体を教理としており，キリスト教も一神教である。

一神教では神が絶対という信念にあるが，しかしながら，その宗教観においてはやや異なっている。ユダヤ教やイスラム教は具体的な律法や戒律などの規範を重視し，共同生活を通じて個の人格形成を重要視する。キリスト教は社会的な規範というよりも，むしろ個人の信仰を重んじている。神道やユダヤ教は狭い民族の間だけの民族宗教であり，他の民族に対し，積極的に信仰活動を行ってはいない。しかし，キリスト教，イスラム教や仏教では人類共通の開か

れた世界的な宗教であるとの考え方に基づいている。

　日本人の多くは、すべての一神教は異教徒と対立するものと認識しがちである。一つの神のみを信仰の対象とする一神教では他の神々の存在を否定し、排他的な傾向が強いと信じられている。たとえば、イラク情勢はそもそも、イスラム教とキリスト教という、お互い永遠に認め合うことをせず、一神教同士の対立が根底にあるといっても過言ではない。つまり、ユダヤ教から派生したキリスト教では「真理は万人のもの」との考え方から伝道布教活動が行われてきた。そのため、時には異教徒を迫害することさえ行ってきた。他方、ユダヤ教やキリスト教の影響下に誕生したイスラム教は比較的に他の宗教に対し、寛容さが見られるという差異が存在する。

表8-2　一神教と多神教

神の数	宗　　教	神の存在・特性
一神教	ユダヤ教 キリスト教 イスラム教	＊神は唯一の存在、とくに唯一絶対の神を崇拝（唯一神教） ＊預言者や教祖が神の声を聞いたり、啓示を受けて発生 ＊他の神を認めない、他の宗教は邪教であり、排除 ＊神は人知を超えた存在、同時に人格神でもある
多神教	日本の神道、仏教、古代オリエント、古代ギリシャ・ローマの宗教	＊多くの神々を同時に崇拝、あらゆるものに神が存在 ＊自然に人びとの間から発生 ＊古代の宗教の多くは多神教 ＊善なる神、悪なる神の存在 ＊他の宗教に対しても寛大 ＊部族・国家間の戦争で、神が統合されて多神教化

出所）渡辺和子監修『図解　世界の宗教』西東社、2011年、22～23頁を参照。

2）多神教の宗教観

　他方、多神教ではさまざまな神々、たとえば、一軒の同じ部屋に神棚と仏壇が隣接して共存している。日本人は異なる宗教であっても一般的に寛大であり、その間には優劣をつけていない。しかしながら、砂漠のオアシスにある都市に生まれたイスラム教徒の一神教では自然環境の厳しさと同じように一つの神のみをもっぱら信仰する。他方、多くの多神教の人びとは豊かな自然的環境

で育まれ，とくに，日本では八百万の神を信仰するがゆえに，寛容さがある。稲作農耕を基盤とした信仰形態では，日本独自の神道と仏教とを融合した宗教観が形成されている。

そのため，日本人は自らを無宗教者といいつつ，結婚式はキリスト教式などで行うカップルが多い。しかし，それがきっかけでキリスト教などへ入信するという人はほとんどない。都市化が進んだ現代，かつて家を基盤とした先祖を祀る先祖崇拝の精神が薄れ，伝統的な信仰は崩れ，宗教への関心が個別化の方向に向かっているという状況下にある。

(3) ケガレの禊対洗礼

禊（みそぎ）とは本来，神を迎えるに先立ち，川の水などで身体の汚れを洗い流して清めることであり，水垢離（みずごり）ともいう。そこで，禊は過去の遺恨や憎悪などのケガレを清めることと解釈される。このようにケガレを清める禊は，多神教ゆえに「すべてを水に流して」忘れることができるという意味を含んでいる。日本の禊は肉体的な汚れよりも，むしろ精神的な罪悪・ケガレを洗い落とす行事である。日本でケガレを祓い清めるという禊は繰り返しが可能である。「すべてを水に流す」という日本的な発想は禊をすることで，ケガレを祓ったことになり，ハレへと転化して善なる人になる。そのようなことから転じて，たとえば，スキャンダルのあった政治家が選挙で勝ち抜くと，「禊は済ませた」ことになる。「選挙区の民意」である選挙で当選できたならば，ケガレが洗い落とされたと判断される。それが「みそぎ選挙」である。しかし，その法的な責任そのものは免責されたのではないが，問題視されたスキャンダルの政治責任は一応，区切りがついたと認識されがちである。

それに対し，一神教ゆえにキリスト教では入信の聖なる儀式である洗礼（バプティスマ）は人間の原罪から免れるため，わが身を一旦死なせて再生する手続きを儀式化したものである。原罪は人間の悪や怠惰，心の怠惰なケガレを意味する。原罪とは旧約聖書の「創世記」で神によって創造されたアダムとイブがエデンの園で神が禁じた善悪の知識の木である禁断の果実（forbidden fruit）

を食べたことで,楽園を追放されて,あらゆる災いや不幸を背負うことになった。また,神の子イエス・キリストは人類の原罪をあがなうために十字架に架けられたと解釈されている。イエス・キリストは洗礼者ヨハネから聖水で身を洗い清める洗礼を受け,この地上に繁栄をもたらす救世主(メシア;Messiah)として自覚するに至った。このような自覚に基づき,キリスト教では聖職者が受洗者の頭上に聖水を振り掛けることで,新たな生命が蘇ることを象徴している。精神的なケガレを何度でも水に流して,繰り返すことができる多神教に基づく日本の禊に対し,生死をかけた一神教のキリスト教の洗礼とは,本質的に人間観が異なっているといえる。

(4) 共食対個食
1) 神人一体化の共食

表4-5に述べたように基本的に多神教である日本人は年中行事・祭では神が降臨する場所には目印となる依り代を立てて,つまり,それは神に信号を送るアンテナで,三種の神器をはじめ,正月の門松,七夕の笹,神棚の榊など儀式に応じて依り代は異なるが,そこへと降臨する。神をお迎えし,神饌として神に供物を捧げ,心意を伝え,供物を下げ,神と共に同じ食事を食べ分かち合って喜び合う,神人共食という直会の習慣がある。自然・神・人の三位一体となって豊作などを祈願する。たとえば,正月には両端が削られた柳箸でお雑煮やお煮しめを食する。これは,降臨した歳神様と共に正月を祝うためである。柳箸の一方の端は人間が使い,他方を神が食する時に使うとされ,共食を通じて神の加護を受ける。年中行事・祭は神と人びととが一緒に飲み食いすることで,豊作への期待と安心とを得ようとする。一神教であれ,多神教,とくに,日本では八百万の神を信じるが,同じように食事の背後に神がつねに存在し,神を喜ばせ,神と共に食べ,豊かで安泰な生活を願うのである。食するというEatingは人間の味覚との出会いばかりでなく,また一同と共食することで共同体意識やコミュニケーションを図ることにある。とくに,年中行事・祭の背後には神と人間とのコミュニケーションを図り,共食し,共感するという食文

化が引き継がれている。

2) キリスト教と共食

聖書では,「一同が食事をしているとき,イエスはパンを取り,祝福してこれをさき,弟子たちに与えて言われた。取って食べよ。これはわたしのからだである。また杯を取り,感謝して彼らに与えて言われた。みな,この杯から飲め,これは,罪のゆるしを得させるようにと,多くの人のために流すわたくしの契約の血である」(マタイによる福音書第 26 章 26)と書かれている。聖書でキリスト(神・聖霊)と使徒たちが三位一体,同じ食物を摂ることによる心身の一体化,つまり共食による神人一体化を述べている。このような戒律にしたがい,大切な儀式として,共食が行われる。また,聖書の最後の晩餐でイエスは「取りなさい,これは私の体である」「これは,私の契約の血である」(マルコによる福音書第 14 章 22〜24)と語っている。皆でイエスの死を記憶するためで,一つのパン塊を切り分けて食べ,一つのカップでワインを回し飲みする様子がレオナルド・ダ・ヴィンチの最後の晩餐である。キリスト教とワインとは不可分の関係にある。ラテン語のコンパニオンやコミュニケーションはパンを共にし,神と人間が交流する語源に由来する。神と人間との共食は少ない食料を,いかに公平に分配し,仲間意識を高めるかという,人類共存の願いが込められている。

3) 茶の湯の共飲・共食

茶道は,一般に仏教の教えに基づくと考えがちであるが,意外にもキリスト教の影響を強く受けている。たとえば,茶室のにじり口は聖書の言葉「狭き門より入れ」(マタイによる福音書第 7 章 13〜14)をはじめ,点前では帛紗にてチリ打ちを行うが,それはミサの清めの儀式とも類似する。また,濃茶は,連客同士で一碗の茶を回し飲みする。濃茶を共飲する行為はキリストの契約の血(ワイン)に似ている。さらに懐石料理において皿・鉢にて連客が取り回して共食する行為は,まさに先のキリスト教と同じように主客が一体となり,親交を深め合うことにも通じる。

4）家族ばらばらの個食化

　一方，かつて日本では家長を中心に家族を一単位とし，基本的に共食する集団が形成されていた。家族一単位として団らんし，共食を楽しんでいた。共食で楽しむ家庭での食事がわが家の味であり，おふくろの味であった。しかし，近年，日本では年中行事・祭も形骸化し，また，日本人は次第に個食化，孤食化を好み，さらに外食が一般化し，家族でわが家の味，おふくろの味を楽しみ，共食する機会がなくなりつつあり，日本固有の食文化の衰退化が見られる。

表8-3　食肉禁忌の分布

動　物	否　定　的	肯　定　的	否定する理由
ブタ	イスラム社会	イスラム社会以外	宗教上の禁忌
ウシ	ヒンズー社会	ヒンズー社会以外	宗教上の禁忌
ウマ	ヨーロッパ全般	フランス，日本など	宗教が関連した食習慣上の禁忌
ラクダイヌ	イスラム社会以外東・南アジア，オセアニア以外	イスラム社会東・南アジア，オセアニア，中央アフリカ	宗教上の禁忌と習慣食習慣上の禁忌
ニワトリ	インド亜大陸，中央・南アフリカ	その他の社会	多産多浮による禁忌
動物全般	ジャイナ教徒・菜食者	その他の社会	宗教上の禁忌生活信条による禁忌
クジラ	日本，ノルウェー以外	日本，ノルウェー，北極先住民	食習慣による禁忌

出所）石毛直道・鄭大聲編『食文化入門』講談社，1997年，126頁を参照。

表8-4　日本における主な食い合わせのタブー

食　材	根　拠
鰻対梅干し	鰻の脂っこさと梅干しの強い酸味が刺激し合い，消化不良を起こす。
蛸対梅（青梅）	蛸と青梅の過剰摂取で青酸配糖体による中毒を引き起こす。
蛸対わらび	蛸とわらびの過剰摂取により，わらび中毒を引き起こす。
天ぷら対西瓜	油と水では消化に悪く，胃に負担がかかる。
蟹対柿	双方共に身体を冷やし，体温を下げる。
鮎対牛蒡	旬が大幅にずれている。
西瓜対ビール	両方とも水分ばかりで，しかし，利尿作用もある。

出所）http://ja.wikipedia.org/wiki/ 合食禁を参照作成。

2. 宗教における食のタブー

(1) 食のタブー

　特定の食べ物をタブー視する言葉には，忌避と禁忌がある。忌避は嫌って避ける言葉であり，文化上の理由で，牧畜民族は魚介類を食べようとしない。禁忌とはタブーであり，宗教的理由から避けることである。特定の食材がタブーとされる理由としては，大別して3種があげられる。

① 宗教上，文化上，法律上の理由から食べることを禁止している。表8-3のように宗教上，飲食をタブー（禁忌）とされる特定の食材や食べ方をいう。宗教ではタブーを共有することで，一定の仲間意識を鼓舞する役割がある。食肉に対するタブーが世界各地に存在している。

② 心理的な背徳感という理由から食べることをしない。表8-3のように特定の食材が道徳心にそむくため，食用化とすることを禁止する場合がある。牛や馬などの役畜，イヌ，ネコ，ウサギなどのペット動物，高い知能を持つと考えられている高等哺乳類，絶滅危惧種など，社会で高い価値が認められている動物や植物がこれにあたる。これらのタブーは立法化されることが多い。

③ 不適な食材なために食べない。たとえば，日本では食い合わせという禁制がある。

　つまり，表8-4のように昔から合食禁（がっしょくきん），食合禁（しょくごうきん）と称し，食い合わせすることを日本人はタブーとしてきた。一緒に複数の食材を食する際，身体に悪いとされる食材の組み合わせである。日本では慣習的に，表8-4のように「蛸対梅」「鰻対梅干し」などを食い合わせ，食べ合わせをしないように禁制としている。また，食のタブーに対して地方により，「妊婦が蛸を食べると，生まれる子にイボができる」「二股大根を食すると，双子が生まれる」というような科学的な根拠がない，単なる迷信も多くある。さらに，鶏は多産多淫のために，あちこちで卵を産み散らすという類似した行為をしないようにインドでは女性が鶏卵を食べることを，タブー視している。

　以下においては，食のタブーを宗教の視点から考察することにしたい。

(2) キリスト教のタブー

　キリスト教はナザレの人イエスによって開かれた宗教で、キリストとは神から選ばれた僕であるメシア（救世主）のギリシャ語のクリストスに由来する。キリスト教には旧約聖書と新約聖書があり、ユダヤ教は旧約聖書を聖典とし、新約聖書はイエスの死後1世紀中頃から2世紀中頃に書かれた。聖書（マルコによる福音書）では「外から人の体に入るもので、人を汚すことができるものは何もなく、人の中から出て来るものが、人を汚すのである」（第7章15）、「それは人の心の中に入るのではなく、腹の中に入り、そして外に出される。こうして、すべての食べ物は清められる」（第7章19）とある。キリスト教では食べ物は腹に入り、人の心を汚すものではないとの考えに基づき、食べ物自体に関するタブーは基本的に存在しないと信じられている。また、キリスト教では聖体拝領の時に、キリストの血を象徴するブドウ酒を通じて神の恩寵に浴することができる。

　ヨーロッパのワイン、パン、菓子などは古代ローマ帝国が滅亡すると、その製造技術は修道院、領主へと引き継がれ、聖バレンタイン・デーのチョコレート、復活祭の卵（イースター・エッグ）などのようにキリスト教では菓子やパンが多く伝承されてきた。

(3) ユダヤ教のタブー

　ユダヤ教はユダヤ民族の宗教である。厳しい自然の中で生まれた遊牧民の宗教であるユダヤ教は契約の宗教である。絶えず移動する遊牧民は先住の諸民族と協定を結ばなければ安住できず、水を確保するためにも取引や契約が重要になる。旧約聖書（レビ記第11章）では、食べて良いモノと、食べてはいけないモノを明確に区分している。食べ物は神が許可し命令し統合するものであり、その掟に欺く者は厳しく処罰される。たとえば、クジラやイルカは鱗がない水棲動物なので、ユダヤ教ではレビ記第11章の食べても良いという条件にあてはまらないため、食べ物を規定するカシュルート（Kashrut）によって食用禁止となっている。

日本，ロシア，ノルウェー，アイスランドやフェロー諸島（デンマーク自治領），カナダなどの一部の人びとは伝統的に鯨を食肉としている。鯨肉を食べない国の人びとからは種の保存の観点からも保護が強く求められている。

(4) イスラム教のタブー

イスラム教は現在のサウジアラビアのメッカのクライシュ部族ハーシム家に生まれたムハンマド（マホメット，570 頃～632 年）が，近郊のヒラー山の洞くつで瞑想を重ねて，天地創造神アッラーからの「起きて，告げよ」という啓示を受けて起こした。イスラム教は一神教であり，神により統合化された規律を厳しく守っている。一日に 5 回の礼拝がある。イスラム教徒は神の前で共に祈り食べる。豚肉のタブーはコーランが定めた戒律である。タブーな食べ物はブタ肉，部位としては血液，状態としてはすでに死んでいるものは食用にできない。しかし，切り裂くという方法で屠殺したものは食用にできる。したがって羊は一刀のもとに頸動脈を切り裂いて屠殺し，水に浸して完全に放血した肉でなければ，神の恩恵に預かれない。死肉とは自然死した動物とイスラムの儀式によらないで殺された動物の肉をいう。そのため，イスラム圏では冷凍肉や肉の缶詰などは輸入できず，生きた羊などを船にて輸送している。とくに，豚が禁じられているのは豚が不潔・不浄で病原菌に冒されやすく，脂肪分の多い肉が身体に悪影響を与えると信じられている。またイスラム教では戒律によりアルコール類の飲酒は禁止されている。実際のイスラム社会では飲酒をタブーとしていない人びともいる。アラブ首長国連邦では非イスラム教徒の外国人の飲酒は認められている。

(5) ヒンズー教のタブー

ヒンズー教は紀元前にバラモン教に民間信仰などを吸収して，階級性を否定し，衰退期に入った仏教に代わって発展した。ヒンズー教はインドに成立した民族宗教であるが，インドで牛は，母性と豊穣を象徴する神聖な動物であり，崇拝の対象となっている。牛を食べれば，恐ろしい天罰を受けると固く信じら

れている。ヒンズー教の上位カーストの人びとは戒律上，肉類を一切口にしない菜食主義者（ベジタリアン）である。戒律に縛られることのない人でも，ヒンズー教徒ならば牛は崇拝の対象として，一切食べることはない。ヒンズー教では食事中に人に話しかけることは無礼であり，人に食事姿を見せるだけでも無作法と教えられている。もっぱら黙々と食べ，食事が終われば，手を洗い，口をゆすいでから，ようやく会話をはじめる。さらに，バラモンの高僧に会う時，男子はドーティと称するインド服を，女子はサリーを着用する。

インドでは牛・豚・鳥の殺生を禁じていることもあり，全人口の約80％がベジタリアンであるといわれている。しかし現在，牛肉食はインドでも一部で受け入れられている。牛乳や乳製品は禁忌ではなく，インド産以外の牛肉なら食べても良いと考えるヒンズー教徒もいる。

(6) 仏教のタブー

仏教は日本人にとってゆかりの深い宗教である。紀元前5世紀に，シャカ族の王子ブータマ・シッガルタが創設した宗教である。シッガルタ（釈迦牟尼）とも称され，仏陀（ブッタ）とは悟りを開いた人を意味する。仏教には，基本的に食べ物のタブーはない。しかし，日本人は動物を殺生することを恐れてきた。また，明治期以前，寺院では肉食を断つ精進料理が当然視されていた。一般的に殺生禁断，獣肉食禁止が日本人のケガレ思想にみられた。とくに，飼育動物である牛・馬は農耕，軍事，輸送などに有用であり，殺してはならないと考えられてきた。一方，同じ仏教国である中国の中華料理では，4つ足の動物はほとんどすべて食材としている。しかし，親の死後，喪に服する期間中だけは，肉類や酒を慎む風習がある。このような風習は今日，日本と同じくほとんど守られていないといえる。

表8-5 三大珍味

珍味名	品　名		
世界三大珍味	キャビア	フォア・グラ	トリュフ
中国三大珍味	アワビ	フカヒレ	燕の巣
日本三大珍味	ウニ（海胆）	コノワタ（海鼠腸）	カラスミ（唐墨）

出所）http://ja.wikipedia.org/wiki 三大珍味を参照。

3. 世界における珍味と食文化
(1) 世界三大珍味
　世に珍味と呼ばれる食べ物は少なくない。食材に関し，俗に世界三大珍味といわれるものには，表8-5のように1) キャビア（caviar），2) フォア・グラ（foie gras, goose liver），3) トリュフ（truffle）がある。

1) キャビア

　キャビアは，チョウザメの卵の塩漬けをいう。ロシアのカスピ海・アムール川，イランのカスピ海産のものが有名である。

2) フォア・グラ

　ガチョウや鴨を夏の時期に戸外で雑草を食べさせ，11月頃に強制飼育（カバージュ）するために籠などに閉じ込める。その後，少量の脂と塩で味付けされたトウモロコシだけを強制的に食べさせ肝臓を肥大化させたものがフォア・グラである。舌ざわり抜群のフォア・グラがクリスマス用として，また，オードブルとして多く使われる。その産地は主としてフランス南西部であり，日本では缶詰や生の真空パック，冷凍品が輸入されている。

3) トリュフ

　トリュフの日本名は寄生植物である西洋松露（しょうろ）という生キノコで，黒いダイヤモンドと称されている。樫，楢，はしばみの木などの繊維根に共生し，地下30cmの地中で成育する。11月中旬頃に市場に出始め，クリスマスの頃に最も良く食される。高級フランス料理では欠かせなく，とくに，フランスのペリゴール産黒トリュフが有名である。

(2) 中国対日本の三大珍味
1) 中国の三大珍味
　表8-5のように中国の三大珍味はアワビ，フカヒレ，燕の巣である。
　① アワビ
　貝類の中でもアワビは中国料理で貴重な食材である。食べやすくし，また，味が良くしみ込むようにアワビの表面に浅く包丁目を入れるには，包丁を寝かせ，包丁目と直角にそぎ切りと良い。水煮したアワビを乾燥させた干しアワビを干鮑（ガンパオ）というが，生にはないうま味が出る。中国では日本産の最高級品の大アワビ網鮑（ワンパオ）と称して珍重されている。
　② フカヒレ
　フカヒレはヨシキリザメ，モウカザメ，コトザメなどの大型のサメ類のヒレを乾燥させたものをいう。食用には，背ビレ，胸ビレなども使うが，ヒレの軟骨（筋）や尾ヒレが上等品で，白の尾ビレが高級である。日本産が中国・台湾へ輸出されている。ヒレ自体は無味であるが，上等のスープで味を浸透させて食する。
　③ 燕の巣
　東南アジアから南太平洋地域に生息する金絲燕（ジンスーイェン）が海草で作った巣を乾燥させたものをいう。巣は噛み砕いた海草に唾液が混ざっており，寒天状になる。金絲燕は断崖絶壁に巣を作り，入手するには非常に危険なこともあり，高価な食材である。燕の巣が料理に出る宴席は燕窩席（イェンウオシー）といい，最高のコースを意味する。

2) 日本の三大珍味
　日本における三大珍味は，①ウニ（塩うに），②コノワタ（なまこの腸の塩漬け），③カラスミ（ボラの卵巣の塩漬け）のような酒の肴になるものである。江戸時代に天下三珍とは越前のウニ，三河のコノワタ，長崎のカラスミといわれた。
　① ウニ
　「うに」は全国的に広く分布するが，食用としては主にバフンウニ，アカウ

ニ，ムラサキウニなどの生殖巣がある。海胆とは生うにをいうが，雲丹とは加工品を意味する。

② コノワタ

「コノワタ」はナマコから取り出したワタ（内臓・腸管）をよく水洗いして泥や汚物を除き，20～30％の塩と共に漬け込んで熟成させた塩辛である。このわたを干したものを「コノコ」といい，さっと火にあぶって熱い内に食べると，大変，美味しく，酒の肴となる。

③ カラスミ

カラスミはボラの卵巣の塩乾品であり，10～11月にとれるボラの成魚の卵巣を水洗いし，血抜きした後，塩漬けしてから清水に浸して塩抜きし，乾燥させたものである。カラスミ（唐墨）は中国の良質な書の墨である唐墨に似ていることからである。しっとりした舌触りで，オードブルに最適である。

それら以外に，表8-6のように世界三大スープや表8-7のように世界四大果実というランキング区分がある。

表8-6　世界三大スープ

スープ名	概　要
フカヒレスープ	高級中華料理で，乾燥されたサメの尾ヒレ，背ヒレを上等な出汁で煮込んだものである。コラーゲンが豊富にある。
トムヤムクン	タイのエビの殻とレモングラス，唐辛子，コリアンダーなどを煮て辛さと酸味を出したスープにし，エビの身を入れる。
ボルシチ	ウクライナとロシアの伝統料理，赤カブに似たテーブルビート等を煮込んだ，濃厚な赤色のスープで，サワークリームをかける。

出所）http://ja.wikipedia.org/wiki 世界三大一覧を参照作成。

表8-7 世界四大果実

果実名	概要
マンゴー	インド，マレー半島周辺原産，果物の女王とよばれる。
マンゴスチン	マレー半島原産，果肉は酸味と甘みがあり，果物の女王ともよばれている。
ドリアン	東南アジア原産，濃厚な甘さがあり，果物の王様とよばれているが，強烈なにおいのため，果物の魔王ともいう。
チェリモヤ	アンデス山脈中腹の亜熱帯地方原産，「通」が世界三大果実と勧める。緑の皮をむくと乳白色の果肉が出て，バニラアイスに似ている。

出所) http://ja.wikipedia.org/wiki を世界三大一覧を参照作成。

4. 世界の著名料理と食文化

世界三大料理といえば，一般に表8-9のように①中華料理，②フランス料理，③トルコ料理であると評定されている。

(1) 中国の四大料理

中国の料理の歴史は長く，その目的は不老長寿にある。それは単に外観の美しさよりも味覚と栄養が配慮されている点に特性がある。中国人は円卓を囲み，食卓の中央に大きな皿やどんぶりを配し，一同で共食する様式が一般的である。一卓の料理数は奇数ではなく，4種，6種，8種などのように偶数の倍数となっている。中国料理は調理に香辛料と油脂類を大量に使用するのが特徴である。調理方法は「湯，炒，炸，溜，会，蒸，燉，滷，烤，拌」の10種類がある。広大な中国では気候や風土も異にし，地域ごとにいくつかの系統に分類できる。

たとえば，代表的な北京料理（北京ダック・水餃子），上海料理（小籠包・上海蟹），広東料理（点心），南京料理，四川料理（麻婆豆腐）の5系統に分けられる。また，中国料理は華僑により世界中に広められたが，世界各地で独自の進化を遂げ，自国・中国にない中華料理が確立されている。日本における三大中華街とは，横浜中華街（横浜市），神戸南京街（神戸市），長崎新地中華街（長崎市）である。

表8-8 中国四大料理

料理名	概　　要
北京料理	宮廷料理の影響，味は淡泊，小麦粉を良く使用。北京ダック，餃子，包子，各種麺類等。
上海料理	魚介類に恵まれ，味は濃い，煮込み料理が多い。小籠包や秋の上海蟹が有名。
広東料理	魚介類をはじめ，「食は広州にあり」といわれ，鳥獣虫蛇など，あらゆるものが食材になる。華僑が世界中に広めた料理。
四川料理	トウガラシ・山椒の辛さが特徴で，麻婆豆腐，タンタン麺など。

出所）http://www.ssk-group.net/cohumn/chukaryouri.htm を参照作成。

1）北京料理

　中国の首都として北京は黄河流域にあり，北京料理は中国の北部系の料理であり，その品目数は豊富である。清朝時代（1636~1912年）に多くの料理人を北京へ招聘し，美食への追求がなされ，宮廷料理として発展した中国を代表する料理である。

　① 満漢両民族の料理を基本とし，官吏がもたらした地方料理の影響を受けた。
　② 北方遊牧民が食した牛肉，羊肉，鴨肉，鯉という食材が使われる。
　③ 米よりも，小麦や雑穀による粉食の点心が多く使われる。
　④ 味は濃厚で塩，味噌，醤油を使い，砂糖は基本的には使わない。
　⑤ 寒冷な気候のため油を多く使い，高カロリー食が多い。
　⑥ 炒のような強火の加熱料理が多い。
　⑦ 食材としてはネギ，ニンニク，ニラを多用する。
　⑧ 料理は比較的に柔らかで口当たりが良いものが多い。

　代表的な北京料理には，世界的に有名なアヒルの丸焼き・北京ダック（北京烤子），宴会料理として燕の巣のスープ（清湯燕窩：チンタイイエヌウオ），熊の掌の煮込み（紅焼熊掌），羊の焼き肉（烤羊肉）などがある。

2）上海料理

　上海料理は長江の中流・下流沿いに発達した料理である。海港都市・上海の

特徴は各国の租界時代を通じて欧米の料理が取り入れられコメ，米飯に適した料理が多い。上海料理は，次のような特徴がある。
① 諸外国の食文化の影響を受けている。
② 陸海の豊富な食材を活かした料理が多い。
③ 清炒（チンチャオ），清蒸（チンジョン），紅焼（ホンシャオ）などの調理に優れている。
④ 味付けは油，醤油，砂糖により濃厚である。
⑤ 中国の銘酒・紹興酒の本場である。

上海料理の代表的な料理は，上海を代表する秋の味覚，日本ではモクズガニと呼ばれる淡水の上海蟹（大閘蟹；タージャシェ）の姿蒸し（蒸蟹；ジョンシェ），スッポンの醤油煮（紅焼甲魚；ホンシャオギャユイ），豚の角煮（東坡肉；トンポーロウ）などがある。

3）広東料理

広東料理は珠江流域の港町・広東を中心に発達し，福建料理と共に中国南部を代表する料理である。「食は広州にあり（食在広州）」といわれている。外国人の好みに合う味つけがなされ，華僑などにより世界各地に広まった。広東料理は，次のような特徴がある。
① 中国の南部のため亜熱帯に属し，農産物，果物が豊富である。
② 魚介類が豊富である。
③ 香港に近く，西洋料理の影響も受けている。
④ 食材，薬味，調味料が豊富である。
⑤ 焼烤（直火焼き）が美味しい。
⑥ 飲茶の習慣があり，点心類が豊富である。
⑦ 味付けは淡白で油は控え目のため日本人好みの味である

広東料理の代表的な料理は，滋養強壮源として鳥獣虫蛇なんでも，つまり，ゲテモノ料理・野趣料理（椒塩蛇碌；ジャオイエンショウルウ）をはじめ，仔豚の丸焼き（烤乳猪；カオルウジュウ），牛肉のカキ油炒め（蠔油牛肉；ハオヨウヌロア）など多彩である。

4) 四川料理

中国の中央部にあたり，盆地の四川省の成都・重慶という長江の上流域である。北京と南京との中間に位置する地方都市の料理である。四川料理は，次のような特徴がある。

① 厳しい自然に対応し，体力保持の工夫，辛い中にも味わいが見られる。
② 食欲をそそるような美しく，香料の香り，食べて美味しい料理が多い。
③ 辛味，甘味，酸味の効いた濃い目の味付け，つまり，一菜一格，百菜百味というように味付けが上手である。
④ 干焼，魚香，麻辣などの調味に優れている。

四川料理の代表的な料理には，豆腐，豚肉の味噌炒め（家常豆腐；ジャンチャンドウフ），豚バラ肉，豆腐，キャベツの辛味噌炒め（回鍋肉；ホエイグォロウ），四川風屋台ソバ（担々麺；タンタンメン），漬け物料理として野菜塩漬け泡菜（パオツァイ），搾菜（チャーツァイ）などが有名である。

5) 南京料理

中国中部の古都・南京の料理であり，長江に臨むために魚料理が特徴である。蟹や海老などを長江の船上で味わうことができる。

表8-9 世界三大料理

料理名	概　　要
中華料理	箸食文化圏，東方の料理は酸っぱく，南方は淡泊，西方は辛く，北方は塩辛い傾向がある。
フランス料理	フォーク文化圏，西洋料理の最高峰，18世紀のルイ王朝の宮廷料理で現在のような華麗な姿に進化した。
トルコ料理	指食文化圏，オスマン・トルコ帝国の拡大とともに広まり，遊牧生活の知恵でヨーグルトを古くから食した。イスラム教の影響で豚肉は用いない。

出所）http://ja.wikipedia.org/wiki 世界三大一覧を参照作成。

(2) フランス料理

格式の高いテーブル・マナーを基調とし，洗練されたフランス料理の原点は18世紀のルイ王朝の宮廷の食卓にあった。フランスはもともと気候が温暖で，

農業・畜産業・漁業が盛んであり，豊富な食材に恵まれ，多彩なソース，スパイス，ハーブを利用する調理法が発達した。フランスの料理は，次のような特徴がある。
① 海・山に恵まれ，農産物，畜産物，魚介類などの食材が豊富である。
② 優れた料理人に恵まれ，色彩，盛りつけ，調味などで確立されている。
③ 金曜日は魚料理を食する習慣があり，魚介類の優れた調理法が確立されている。
④ イタリアのようにパスタは食べず，野菜料理を珍重する。
⑤ 伝統と革新の気質が見られ，料理そのものが進化し続けている。

(3) イタリア料理

　イタリア料理は温暖な気候風土に恵まれ，ボローニア，ベネチア，ナポリ，ローマ，トスカーナなどの各都市において特色ある料理がある。イタリア料理の基本的な食材はガーリック，オリーブ油，ポモドーロ（pomodoro）と呼ばれるトマト，パスタであり，ジェラート（アイスクリーム）の本場である。イタリア料理はフランス料理と異なり，カジュアルで，魚介料理，野菜料理の豊富さからヘルシーな料理も多い。一般的に本格的なイタリア料理店が「リストランテ」，家庭料理を提供する店が「トラットリア」，小料理屋・居酒屋の類が「オステリア」または「タヴェルナ」と呼ばれている。
　イタリア料理は，次のような特徴がある。
① 畜産物，魚介類などの豊富な食材に恵まれ，料理の種類が多い。
② 北イタリアでは手打ちパスタをはじめ，バター，クリームなどの乳製品を良く使う。
③ 中部イタリアでは，鶏肉，羊肉，仔牛肉の料理が多い。
④ 南イタリアでは，パスタ，ピッツァがあり，トマト，オリーブ油が使われる。
⑤ イタリア料理に対し，キャンティ，マルサーラなどのイタリアン・ワインがある。

(4) トルコ料理

　トルコ料理は世界三大料理の一つであるが，しかし，中華料理や全世界に普及しているフランス料理と世界三大料理として横並びに考えると奇妙に思えるかも知れない。その基準は，単に美味しいだけで世界三大料理と称されるものではない。料理の体系やその文化的背景についても想いを巡らしてみるとトルコ料理が世界の三大料理であることも理解できよう。つまり，地球上のいくつかの食文化の代表としてトルコ料理が選ばれている。つまり，トルコ料理はアラビア文字圏・イスラム圏内の料理・食文化として世界三大料理に選ばれているのである。

　遊牧生活が主流であったトルコ民族は食べ物を保存する技に優れていた。トルコ民族はヨーグルトを古くから食していた。ヨーグルトは肉料理にかけたり，調味料として使われている。トルコ料理の最大のベースはイスラムの食文化の影響で，肉は羊が主流であり，豚肉は使用しない。多様な食材，料理の品目も多く，串刺しの肉を焼く野趣に富んだシシ・ケバブ（sis kebabi）が有名である。16世紀，エジプトからコーヒーを取り入れ，トルコ・コーヒーとしてヨーロッパへ伝えた。オスマン・トルコ帝国が勢力を拡大するにつれ，世界に大きな影響を与え，オスマン帝国の宮廷料理としてトルコ料理が発達した長い歴史がある。

　食文化自体は本来，文化の担い手である人間と，食材を育む自然環境と深い関係がある。トルコの伝統的な食事作法は床に座して，右手の親指，人差し指，中指の3本の指でつまみつつ食するイスラム圏・手食圏に属する。

(5) 世界三大料理対食文化

　以上のように食は文化を映す鏡である。世界三大料理とは，中華料理，フランス料理，トルコ料理である。地球上，それぞれの国々は異なる文化圏に属している。

　漢字圏で，箸を考案した中国の箸食圏の中華料理，ローマ字圏の西欧では17世紀に至るまで西欧世界の食文化を代表してきたイタリア料理を推したい

ところである。しかし，18世紀から20世紀に至る西欧文化の粋を代表しているフランスは外交官などの公式の会食料理となっているフランス料理がある。さらに，トルコ料理は，箸食圏の中華料理，フォーク食圏・ローマ字圏に属するフランス料理ほど決定的な認知度が高くない。しかし，アラビア文字圏におけるイスラム圏・手食圏の料理としてトルコ料理は洗練された食文化体系・料理体系を有している。

　すでに，中華料理やフランス料理はグローバル化を果たしている。しかし，トルコ料理は世界的な広がりは狭く，認知度もやや劣る。それは逆に今後，トルコ料理は，グローバル化の波に巻き込まれて食文化の移転や変容の諸問題などが起こる可能性が高いともいえよう。

5. 外国の祭日における日本のおもてなし

(1) 中国の春節（農歴新年）

1）春節対除夕の夕食

　中国全土には56民族が生活しており，その内，総人口の93％が漢民族である。それぞれの民族が固有の祝祭日の習慣を持っている。春節（チュンジェ）が中国民間における最大の伝統的祭日である。元旦の元とは「開始・最初」に意味がある。「旦」は象形文字で，「旦」の下に引かれている「一」は地平線を意味する。この文字は地平線に太陽が昇る状態を表している。新年の「年」は甲骨文字で，「穂が実る」という形状に由来している。春節は農民の豊作を祈念する農閑期にあたる。

　春節を迎えるにあたり，各家庭では玄関の門柱に赤い紙に黒い字で，「除旧迎新（チューチウインシン；旧きことを除き，新しきを迎える）」と縁起の良い「春聯（チュンリエン）」を貼りだす。赤い提灯を灯してお祝いの気持ちを表示する。

　除夕（チューシ）の夜は実家に戻り，一家全員が同じテーブルを囲み，「年夜飯」（ニエンイエファン）を食べる。この大晦日の夕食を「団円飯」とも呼ぶ。その料理には魚料理をはじめ，「年糕」（ニエンガオ）というお餅が出る。また，餃子（チヤオズ）もメニューに欠かせない。餃子の形が金子・元宝（ユエンパオ）

と同じで，金銭的な豊かさを意味する。とくに大晦日の夜12時に餃子を食する。中国では餃子を食べないと年を越せないほどである。

2) 新年

大晦日の夜は爆竹を鳴らし，邪鬼を追い払い，各道路でかまどの神様，宝の神様などを迎える。人びとは一夜を寝ずに過ごし，新年を迎える。新年1月1日家族全員が新しいハレの衣装を着て，先祖を迎え，若者から順に年長者へ挨拶をする。年長者は子供たちへ赤い紙に包んだ「圧歳銭（イヤスイチェン）」というお年玉を渡す。元旦には朝から各家は門を開き，お互い新年の挨拶，「春節好，長寿」などのお目出度い喜びのハレの挨拶をする。

(2) バレンタイン・デー（Valentine Day）

2月14日はチョコレートの日とし，女性が愛を告白する日として若者に人気がある。なぜこの日が「愛の日」なのか。聖バレンタインとは誰であるか。

それは269年頃に殉教死した聖バレンタインに由来する。313年に公認されたが，当時，皇帝ゲラシウスにより，ローマでは兵として勇敢に戦うため，男性の結婚を禁止していた。この政策に反対し，ローマの祭司であったバレンタインはキリスト教に基づく愛を説いて結婚を奨めていた。結婚を奨めたという理由で，269年頃に処刑された。その後，かれの遺体が発見された地に聖バレンティノ教会が建てられ，バレンタインは聖人となった。

1644年に愛の守護神・聖バレンタインが殉教した2月14日を祝日と制定した。2月14日は聖バレンタインの死を悼む宗教上の行事である。しかし，14世紀頃から恋人同士が贈りものを交わし，とくに女性から男性に恋を打ち明けて良い日とされ，バレンタイン・デーへと発展した。

日本では戦後，菓子メーカーの商業主義の流れで，2月14日は女性が好意を抱く男性へチョコレートを贈る日となった。チョコレートの持つ甘さと香りが現代女性の感性からもプレゼントに相応しいこともあり，一般化した。また，上司などに贈るチョコレートを義理チョコとも称した。一方，3月14日はホワイト・デー（white day）では，愛の確認として男性から女性へお返しをする

日となった。バレンタイン・デーで義理チョコでもプレゼントされれば，商魂たくましい商業主義の菓子メーカーでは，日本独自の風習を活かし，男性側からお返しすることを義務づけようと売り込んでいる。

一方，中国では恋人たちはお互いにバレンタイン・カードを贈り合い，男性は花束を女性に贈るが，女性がバレンタイン・プレゼントをすることは少ない。

(3) ハロウィン（Halloween）

ハロウィンは子供の祭日である。ケルト人（Celts, Celtic）の死者の祭がキリスト教に伝わり，万聖節の前夜（10月31日）に組み込まれたのである。ケルト人の一年の終わりは10月31日で，この夜は死者の霊，精霊や魔女が訪れると信じられてきた。これらから守るために仮面を被り，魔除けの焚き火を焚いていた。この伝統がスコットランド人とアイルランド人によってアメリカに持ち込まれた。

19世紀末頃から10月31日の夜，カボチャ（本来はカブ）をくりぬいた中に蝋燭を立てて「ジャック・オー・ランタン（Jack-o'-lantern）」を作り，魔女やお化けに仮装した子どもらが近くの家々を訪ね，「悪戯かご馳走か（trick or treat)」と，菓子などをおねだりする祭となった。各家庭では，カボチャの菓子を作り，子どもらは貰ったお菓子を持ち寄り，ハロウィン・パーティーを開いたりする。お菓子が貰えなかった場合は報復の悪戯をしてもよい。この夜だけは子どもらに対しては，罰や叱責がなされないことになっている。

(4) クリスマス（Christmas）

12月25日はイエス・キリストの生誕の日であるが，前日の夜がクリスマス・イヴである。XmasのXはギリシャ語のキリストの頭文字で，masは祭日を意味する。降誕祭，聖誕祭と訳され，Xをクロス（cross）つまり十字架に見たてる。ドイツ語でクリスマスはヴァイナハテン（Weihnachten：聖夜）と呼ばれている。フランス語ではNoëlという。クリスマスは新しい太陽・キリ

ストの祭であり，天に栄光が，地に愛がみなぎる日である。

サンタ・クロースはアメリカの聖書学者クレメント・クラーク・ムーア (Clement Clarke Moore；1779~1863年) が歌った The Night before Christmas（クリスマス・イヴのこと）という詩に基づく。聖ニコラス (Saint Nicholas；270~342年) を原像としたサンタ・クロースはムーアの詩の中で，白い髭をはやし，丸々と太った明るい善良なおじいさんとして生まれた。玩具をいっぱい積んだトナカイの引くソリに乗って雪の上を滑り，そして袋をかついで煙突から入ってきて，プレゼントを靴下にぎっしり詰め込んで，そっと帰って行くのであった。しかし，現在では両親がサンタ・クロース役を担っていることが多い。

12月24日は「アダムとイブの日」といわれ，クリスマス・ツリーは常緑樹の「永遠の緑」のイメージから神に「永遠の愛」，イエス・キリストの「永遠の命」を伝えるといえる。つまり，クリスマス・ツリーはアダムが楽園を追われたとき，生命の木から実を1つ持ってきた「善意を知る木」であり，キリストを表す不滅の生命の木である。

オランダの清教徒が1620年，メイフラワー号に乗ってアメリカ大陸に上陸した際，食卓にのぼった肉が野生の七面鳥であった。クリスマスには神に捧げ，昔の苦労を感謝して七面鳥を食した。しかし，現在，アメリカでは，11月の第四木曜日の感謝祭に七面鳥を食べ，クリスマスではチキンが食されている。また，クリスマス・ケーキは暖炉で薪を燃やすと，家族全員が暖かくなり，薪に感謝し，聖なる薪を見立ててクリスマス・ケーキが考案されたともいう。

中国では日本と同じように12月24日頃，キリスト教でもない若者は宗教的な雰囲気を味わうために教会へ出かける。また，ホテル，デパートでは「聖誕快楽（ションダカイル；メリー・クリスマス）」の文字が踊り，各商店街では大売出しが行われている。この日は花屋やケーキ屋が商売繁盛している。

【参考文献】

石井研士『現代人の宗教』新曜社，2007年。
石毛直道・鄭大聲編『食文化入門』講談社，1997年。
鮑戸弘『食文化の国際比較』日本経済新聞社，1992年。
岡田哲『食の文化を知る事典』東京堂出版，1998年。
鈴木薫『世界の食文化　トルコ』農山漁村文化協会，2003年。
周国強著，筧武雄・加藤昌弘訳『中国年中行事冠婚葬祭事典』明日香出版社，2003年。
永田久『年中行事を科学する』日本経済新聞社，1995年。
中村圭志『人はなぜ「神」を拝むのか』角川書店，2011年。
服部幸慶『世界の四大料理基本事典』東京堂出版，2003年。
ひろさちや『仏教とキリスト教』新潮社，1986年。
文化庁編『宗教年鑑経聖21年版』ぎようせい，2011年。
村上重良『世界宗教事典』講談社学術文庫，2000年。
吉岡安之『暦の雑学事典』日本実業出版社，1999年。
渡辺和子監修『図解　世界の宗教』西東社，2011年。
http://ja.wikipedia.org/wiki
http://www.ssk-group.net/cohumn/chukaryouri.htm

あとがき　総括

　1960年代頃からわが国では，高度経済成長政策によって，国内の第二次産業が急速に成長し，それに伴って国民の所得が増加し，日本人の食生活の内容も終戦当時下とは比較にならないまでに向上した．従来，食自体はもっぱら「栄養に気をつけて」という生理的欲求を充たすことにあった．このような状況から高度経済成長期を経過して国民の食生活は急速に変化し，日本人の食状況は大幅に改善されることになった．

表1　食文化に関する現代人のニーズの二極化

区　分	低い・簡素化	高い・高付加価値化
消費者ニーズ	安価志向	高級志向
サービスの仕方	自動化，機械化，ロボット化，詮索されたくない	極上のおもてなし大歓迎，気配り，目配り，心配り
食　材	アジアの安い食材	スロー・フード，有機栽培
食べ物	簡便さ，ファースト・フード	高級化，こだわり料理
食べ方	内食	外食，中食
ホテル	モーテル，ビジネスホテル	高級ホテル，シティー・ホテル
航空需要	格安航空券，サービスの省略化	ファースト・クラス，高級化
駅　弁	普通弁当，B級グルメ	特殊弁当，高付加価値弁当

　家庭における調理空間である台所は薪を燃料としていた高度経済成長期頃までは生鮮食品を貯蔵するために，一般に台所の位置は北側が定番であった．その後，三種の神器をはじめ，燃料がプロパン，都市ガスとなり，次第に，台所も快適で，衛生的な空間へと進化した．とくに，一人ひとりが膳で食する形式からテーブル・椅子で食事するようになり，また，おかずなどは個々に盛りつけるのではなく，大皿盛りとし，直箸（じかばし）で取る方式に変わった．また，食事に手間をかけたくないと，とくに，外食の機会が増え，さらにスナックなどで食事する人びとが増え，家庭内の食事マナーが様変わりした．伝統的なマ

ナーでは，立ち食い，歩き食いをしたりすることは不作法と考えられてきた。しかし，近年，そのような行動が常態化し，あまり問題視されることもなくなった。とりわけ，日本人の食事はわが家の味，おふくろの味を家族と共に共食する機会が非常に少なくなった。食事の外食・中食をする人びとが多くなり，さらに，個食化，孤食化した食の仕方が多くなった。そのため，日本人の食文化は荒廃してしまった。日本ではかつて年中行事・祭において神との共食・共飲が一般的に行われていた。また，茶の湯では，連客一同が相互に共食・共飲する考え方が存在する。今こそ日本人自身が食卓へと回帰し，一家団らんによる共食・共飲の楽しさを再興するべきではなかろうか。

また，今日，あらゆる食材が世界中から輸入され，現代日本人の多くは食の豊かさを謳歌しており，国民は快適な食生活を楽しんでいる。現代日本人は，もはや食は単なる栄養素というよりも，むしろ飽食の結果，過剰摂取の状況のもとに成人病が増加しており，食を見直す必要性が起こっている。また，食に対する安全・安心感が揺らいでいる昨今でもあり，日本人には食育を乳幼児から学習することが望まれている。

日本全国に，地域固有の自然風土・食材・食習慣・文化を背景にし，地域の人びとの生活の中で創意工夫され，必然的に生成・伝承されてきた生活文化としての郷土料理が多くある。その土地で培われた特産料理への評価は，「その土地でとれたもの」「その土地に伝わる調理法」「その土地の料理人」が調理したものを「その土地の食べ方」で食することができるか否かにある。このように個性ある料理が選好されるには，食材，調理方法自体に価値があると同時に，プラスアルファの付加価値の存在，端的には心遣い，おもてなしの心が追加されることが必要となる。

ところで，古くは平安時代，公家社会では大饗料理による饗応がなされていた。しかし，宮中・公家で催された饗応は身分・階層関係を前提とし，本質的に，お互いが対等関係となって心を通わせるものではなかった。公家社会では上からの目線で上位が下位（逆もあり）へご馳走することを前提としていた。また，本膳料理に基づく武家社会の饗応は同じように階級性を重視したといえ

よう。16世紀の戦国時代，下剋上の時代は，親・兄弟といえども信頼し合う社会ではなかった。3日3晩，本膳料理で饗応が続けられたとしても，お互いに心と心を通わせるものでなかったであろう。

このような戦国時代，戦場に生死を戦う武将らにとり，茶室は殺伐とした戦場を一時でも忘れさせ，心癒せる時空間であった。商人出身の千利休は茶室内で武士が優位となる身分・階層制を排除し，和敬清寂，一期一会などのおもてなしの心をかかげていた。茶の湯のおもてなしの心は，身分の上下を問わず，主客がお互い尊敬し合い，対等関係を意味している。それゆえ，日本のおもてなしの真髄は茶の湯の精神にあり，それはホスピタリティ・マインドに基づいている。

本書では，おもてなしは上からの目線で「してあげる」という上下関係を意味せず，むしろ「させて頂く」という同等の目線を重要視した。その精神は茶の湯のおもてなしの心と共通するとした。そして，このようなおもてなしの心が現代社会で渇望されていることを明らかにした。その背景には，次のような事情にあると結論づけられる。

すなわち，現代社会における経済合理性の追求が進み，あらゆる分野で人間を排除し，自動化・ロボット化・機械化が行われた。人の出会いが少なく，ヒト対ヒトの心温まる人間関係が希薄になった。その結果，ヒトがヒトとして生きる上で，必要不可欠な人間性が喪失されていることを自覚するようになった。現代社会ではヒト対ヒトとの直接的対話を不要とし，居ながらにして多くの情報を得，かつ必要な商品を手に入れることが可能となった。そのため，他人に対し，無関心な人びとが多い一方，心あふれるおもてなしを求める人びとがいるという二極化が顕在化するようになった。つまり，大都会の生活者の中には何も詮索されたくないという人びとも多い。他方では，元来，日本に存在した食文化にかかわる「手厚いおもてなし」を歓迎する人びとも多く。他人への思いやり，心遣いといった「おもてなしの心」を渇望する人びとが多いという二極化の現象が起きている。

このように現代人のニーズの変化に対し，食文化を提供している飲食業界で

も，同じように二極化の傾向が見られた。つまり，飲食店にはファミリー・レストラン，ファースト・フードなどのチェーン化によって規模の経済性を発揮した低価格志向の店舗が多く存在する。たとえば，現代人における社会生活では，ファミリー・レストランにしろ，コンビニにしろ，レンタル・ショップにしろ，とくに，自動販売機に代表されるようにヒト対ヒトの対話がなくとも，食品の購入や食事などが可能になった。しかし，他方では，日本の食文化や伝統に根ざした立居振舞いというおもてなしは，国際競争力となる貴重な価値ある要素と評価されてきている。とくに，オーナー・シェフ料理店などにおいて原材料・食材やおもてなしのこだわりに特徴を持たせ，高付加価値志向化した高級料理店ではお客が行列する程に，繁盛している。

各章においては他者との競争の決め手はおもてなしの心，ホスピタリティあふれる立居振舞いという人的態度の良し悪しにあることを指摘した。そのホスピタリティとはラテン語のホスピス（hospes）に由来し，ホテル（hotel）とは同義語である。手厚くおもてなしすることはホテル事業のみならず，現代ビジネスにおいて価値を向上させるにはハードな店舗の改善，ソフトなシステム・調理方法をはじめ，ヒューマンなおもてなしという価値を高めるこだわり，オンリー・ワンとなる差別化が必要なことを強調した。とくに，景気が停滞し，デフレ下の激しい競争時代，同業他社と類似した企業行動をしているだけでは生き残れない。食文化を基軸とする宿泊事業では日本文化，日本人らしいおもてなしを企業文化として強みを発揮し，外国人観光客を誘致したり，そのおもてなしを輸出するために海外展開を推進する宿泊業が存在するようになった。それは，おもてなしという強みを発揮することで，強力な「JAPANブランド」になる時代が到来していることを示唆している。

今日，日本の大都市では「超高級な在来日本系ホテル同士の戦い」「新規外資系と在来日本系ホテルの戦い」「既存外資系と新規外資系ホテルとの戦い」という三つ巴の激しい競争が展開されている。日本のホテル事業では一般的に，利益率が低下傾向にある。ホテル業界では価格競争ばかりでなく，非価格競争，とくに，おもてなしの差別化が有力視されるようになった。

さらに，国際航空輸送でも，世界単一市場のグローバル競争時代となっている。航空会社は価格競争の激化でサービスを削減化するか，サービスを充実して極上のおもてなしで対抗するかという二極化の選択が展開されている。とくに，国内線ではLCC（low cost carrier；格安航空会社）の登場により，価格競争が激化するようになった。つまり，LCCと大手航空会社では短時間の搭乗のため国内路線は極上のおもてなしよりも，低価格化を強め，サービスを徹底的に削減化する方法が選択されている。今後，さらに乗客の個々のニーズに適合できるように，国内線・国際線を問わず，機内食は高級化，簡素化，および省略化といった多様なニーズが高まることになろう。

　結論的に，本書では，日本の食文化として食材や調理法などの固有性・有効性ばかりでなく，ヒト対ヒトの人的態度である接客スタッフなどの心からのおもてなしの特異性に価値があることを提起した。料理・飲食業や宿泊業のみならず，あらゆる業界・分野における競争力を強化し，繁栄を決定づける最大の武器とは，日本文化としてのおもてなし力にあると結論づけたい。21世紀の日本ではJAPANブランドとして日本文化，日本らしいおもてなしの強みを発揮するためにも，公的な表彰（ブランド認証）制度などを新たに設けるべきである。有形な商品と異なり，ヒト対ヒトの立居振舞いというおもてなしは無形で，瞬間的であるので，可視化することが必要になる。公的な格付け・表彰制度などを創設し，優秀な企業を表彰し，可視化するべきである。JAPANブランドとしておもてなしが認知されると，日本の既存の観光資源ばかりでなく，食文化プラスアルファ，おもてなしという魅力が加わることになる。それらの相乗効果によって，必然的に訪日外国人が増え，結果的には日本の企業を元気にさせることにもなるであろう。

索　引

【あ行】

あえの風　145, 153
あえのこと　144, 145
赤いカバーの小さな本　42
赤いちゃんちゃんこ　122
商は笑　59
上げ膳据え膳　55
アジアの富裕層　158
アダムとイブ　166, 186
後の祭り　132
阿倍清明　84
アワビ　174, 175
イケズ　79
石塚左玄　23
いしり　2, 149, 150
いしり鍋料理　150
イタリア料理　180
一億層グルメ　27
一期一会　190
一汁三菜　61, 69, 70, 73, 118
一家団らん　19, 189
一神教　164, 165, 167
一村一品運動　39
1.5次産業化　38
イート・イン（eat in）　30
胃袋の欲求　7
動く美術館・博物館　134
ウナギ　94
海を介して　151, 152
海を隔てて　151
売り手よし　161
運・鈍・根　75
駅ナカ　48
駅弁　45−49
駅弁大会　48
エスニック料理（ethnic food）　30, 79
江戸前　94
恵方棚　84
烏帽子　119
LCC（low cost carrier）　192
エンゲル係数（Engel's coefficient）　6−8
閻魔の庁　123
応仁・文明の乱　86
近江商人の中村治兵衛　161

大内弘世　138
大坂・食い倒れ　140, 141
オグバーン（W. F. Ogburn）　4
おくんち祭り　114
お七夜　118
お流れ頂戴　71, 72
オーナー・シェフ（owner chef）料理店　191
おばんざい　34, 37
おふくろの味　34, 169, 189
オリジナル・ブランド（original brand）　50
織姫と彦星　113
温石（おんじゃく）　69
陰陽五行　17, 84

【か行】

外食　30, 169, 188
懐石料理　35, 53, 62, 69, 70, 72, 75, 77, 79
開祖の年忌記念　99
買い手よし　161
顔が見え　22, 39
鏡餅　92, 93
華僑　179
過去・現在・未来の「三世」　95
過剰摂取　189
「柏の葉」イコール「子孫繁栄」　112
かしわ飯本線　46
KAS（knowledge, attitude, skill）　59
カースト（caste）　173
形代（かたしろ）　109
合食禁　170
家庭のしつけ　24
門松　90
カボチャ　185
神棚　88
カラスミ　176
カレンダー（calendar）の語源　81
雁行的経済成長　157, 158
広東料理　177, 179
漢方薬の精神　3
桓武天皇　84, 110
還暦　122

企業ブランド化　160
気配り　57, 67, 154
乞巧奠（きっこうでん／きこうでん）　113
吉符（きっぷ）入り　131
忌避　170
客人　53, 61
キャビア　174
宮廷料理　64, 178, 182
供給熱量（カロリー）ベース　20
京都・着倒れ　141
京都知恩院　99
京都ブーム　137
郷土料理　31, 32, 33, 35, 154, 189
京によきもの三ツ　34
魚醤　149
キリコ　146, 147, 148
キリコ祭　148
切支丹の地　115
義理チョコ　185
禁忌　170
禁断の果実　166
銀めし　26
クジラやイルカ　171
くじ取らず　132
口コミ　8, 50
グッドウィル（goodwill）　40
宮内庁御用達　41
クリスマス・ケーキ　186
グレゴリー暦　82, 111
ケ　30, 61, 88, 126, 127
経済合理性　87, 157, 159, 190
契約の血　168
敬老の日　116
ケガレ　88, 108, 113, 126, 127, 129, 166, 167, 173
ケルト人　185
けん　76
献酬・千鳥　70
現地化　160, 161
元服の祝い　119
紅白の鏡餅　92
五穀豊穣　127, 128
心配り　57, 154, 158, 159
個食化　169, 189
孤食化　169, 189
牛頭天王　112, 129, 131, 136
古代中国，高辛氏　114
五体投地の礼　58

ご当地人気料理　35
古都税　135
コノワタ　176
護符の粽　112
氷魚（こまい）　74
駒形提灯　132
細やかなおもてなし　157
細やかな気配り　158, 159
五味　17
五倫　116
婚姻のトラブル　119
コンパニオン（companion）　168

【さ　行】

最後の晩餐　168
菜食主義（vegetarian）　173
祭神牛頭（ゴス，スサノオノ命）　131
祭礼　128, 129, 130
索餅（さくべい）　113, 114
さしすせそ　17
刺身文化　61
サービス（service）の語源　55
三大中華街　177
三間価値　56-57, 155
三間のおもてなし　67, 168
三々九度の杯　120
三・七の注意　59
三種の神器　47, 88, 167, 188
三千家　100, 101
サンタ・クロース（Santa Claus）　186
三都夏祭　139
三方よし　160, 161, 162
三位一体　132, 164, 167, 168
CI（corporate identity）　41
ジェラート（gelato）　180
CO_2　14
自己実現欲求　5, 6, 7, 9, 97, 128, 134
四神相応之地　84
四川料理　177
七五三　118, 122
七面鳥　186
しつけ　25
室礼（しつらい）　28, 56, 78, 91, 93, 154
注連縄（しめなわ）　91
弱冠　119
JAPANブランド　191, 192

上海料理　177, 179
十二支　82
重日　105
重要伝統的建造物群保存地区　137
手食の習慣　11
出世魚　76
旬の京野菜提供店　44
旬の食べ物　74
正月飾りの材料　91
松花堂弁当　77, 78
小京都ブーム　137
精進落とし　66
精進潔斎　65
精進料理　62, 65, 66, 67, 123, 173
尚武・勝負　111
食育基本法　23
食具　12
食合禁　170
食事文化　10
食は広州にあり（食在広州）　179
食料自給率（rare of food self-sufficiency）　20, 39
女性の庇護　110
除夜の鐘　94-96
人間（じんかん）　56
真・行・草　58
神人一体化の共食　126, 167
神人共食　125, 126, 145, 167
神人合一　126
神饌　87, 88, 126, 167
親族固め杯　120
神仏習合　134
神仏分離　134, 135
森羅万象　83, 85
真理は万人のもの　165
菅原道真　110
スロー・フード（slow food）　22, 27, 188
3H（head, hands, heart）　59
政教分離　135
成人期　117
聖ニコラス　186
聖バレンタイン・デー　171
清明神社　85
西洋の騎士道　110
政治家・屈原（くつげん）　111
生理的欲求　5, 6, 9, 27, 128, 188
世界三大スープ　176
世界三大珍味　174

世界三大料理　16, 180, 182
世界重要農業資産システム　144
世界無形文化遺産　145
世界四大果実　176
世間よし　161
節会・節句　105
摂取過多　21, 22
狭き門より入れ　168
セールス・ポイント（sales point）　59, 154
選挙区の民意　166
全国京都会議　137
戦争　4, 86
千利休　14, 64, 67, 100, 190
蔬菜文化　34
蘇民将来之子孫也　112
空弁　47
祖霊期　117

【た　行】

大饗料理　34, 62, 64, 189
第三セクター　51
大徳寺弁当　77
タイム・マーケティング（time marketing）　101, 103
第六次産業　37, 38, 40
高盛り飯　64
滝沢馬琴　34
多神教　164, 165, 167
立居振舞いは目から入る言葉　53
棚機津女　113
地域ブランド　41, 42, 43
地産地消　8, 22, 39, 40, 49
千鳥の杯　53, 71
茶人松花堂昭乗　77
チャーター便ツアー　155
政治家・屈原（くつげん）　111
中国の三大珍味　175
重陽　91, 98, 105, 114, 116
長幼の序　71, 116
重陽の節句　105, 106, 114-116
調理五法　18
チョコレートの日　184
通過儀礼　117
燕の巣　174, 175, 178
つま　76
テイク・アウト（take out）　29

TPO（time, place, occasion） 126
適度の鈍感さ 75
骨箸（こつばし） 12
春節 183
天削（てんそげ） 13, 14
伝統にアグラ 152
東京一極集中 142
東西の本願寺 97, 99
時は金なり 85
特産料理 7, 189
特殊弁当 47
歳神 93, 167
年越しそば 95
ドライブ観光 49, 50
鳥の嘴（くちばし） 12
トリュフ（truffe） 174
トルコ料理 177, 181, 182
トレーニング（training） 55

【な　行】

内食（ないしょく） 29, 30
直会 87, 88, 93, 126, 128, 167
長崎くんち 115
中食 29, 30
七草粥 107, 108
七草囃子（ななくさばやし） 107
南京料理 177
南方録 69, 80, 100, 103
新嘗祭 98, 135
西回り航路 146
躙口（にじりくち） 70, 168
日常のハレ化 127
二八蕎麦 96
日本三大朝市 149
日本人のライフ・スタイル（life style）29
日本的な接待 55
日本の三大珍味 175
人間の煩悩 95
葱 96
農耕のリズム 104
能登はやさしや土までも 151
上りカツオ 74
暖簾（のれん） 40

【は　行】

廃仏毀釈 135
箸のマナー 15
バージン・ロード（virgin road） 120
パッケージ・ツアー（package tour） 121
発酵調味料 28
八寸 53, 70, 71
初節句 108
バッタリ床几（しょうぎ） 132
ハッピー・マンデー制度 116
初宮詣り 118
パートナーシップ（partnership） 102
花の生命は短く 104
蛤（はまぐり） 109
蛤御門の変 86
鱧の骨切り 137
鱧料理 136
ハレ 30, 34, 61, 64, 87, 88, 91, 126, 127, 132, 166, 184
バレンタイン・デー（Valentine day） 98, 184, 185
ハロウィン（Halloween） 185
半夏生（はんげしょう） 106
はんなり 141
B級グルメ 36, 48
ひし餅 109
火箸 12
屏風祭 132
平松守彦 39
B-1グランプリ 37
ファースト・フード（fast food） 21, 27, 30, 57, 188, 191
不易・変わらないもの 102
フォア・グラ（foie gras） 174
フォーク食 11
フカヒレ 174, 175
袱紗料理 65
武家故実 63, 64
武家餅 93
武将・武田信玄 160
普茶料理 65, 67
復活祭の卵 171
仏陀 173
フットパス（foot path） 50
武の東国，文の西国 93
フランス料理 177, 180
ブランド（brand） 41, 44, 78, 192

ブランド・パトロナージュ(brand patronage) 42
ブランド・ロイヤルティー(brand loyalty) 41
ブランド野菜 34
ふるさと料理 35
不老長寿 90, 177
プロが選ぶ日本のホテル・旅館100選 155
文化の遅滞(cultural lag) 4, 5, 159
北京ダック 178
ヘルシーな健康食 80
ペーロン 111
ボイス・ウィズ・スマイル(voice with smile) 59
法事・法会 123
鉾や山の懸装品 134
ホスピタリティ(hospitality) 53, 57, 154, 158, 159, 191
ホスピタリティ・マインド(hospitality mind) 54, 56, 102, 190
ホワイト・デー(white day) 98, 184
本膳料理 62, 64, 65, 73, 189, 190

【ま 行】

間合い 56, 57
幕の内弁当 47
枕草子 115
枕飯 64, 123
町の守護神 128
マニュアル(manual) 57, 60, 157, 160
まむし 94
ミシュランガイド(Le Guide Michelin) 42
禊(みそぎ) 88, 108, 166
道の駅 49, 51
見られる祭礼 129, 132, 133
明僧・隠元禅師 67

六日の菖蒲,十日の菊 105
娘の婚期が遅れる 109
紫式部日記 115
目配り 57, 67, 154, 158, 159
女正月 107
孟子 116
もどき料理 65
戻りカツオ 74

【や 行】

八百万の神 87, 166, 167
厄年 122
八坂神社の神紋 136
柳田國男 129
有職故実(ゆうそくこじつ) 63, 64, 100
ユネスコ(国際連合教育科学文化機関: UNSCO) 145
ヨーグルト(yogurt) 182
寄神(よりがみ) 145
依り代 87, 88, 90, 91, 126, 147, 167
四大慶事 117

【ら 行】

ライフ・サイクル(life cycle) 159
ライフ・スタイル(life style) 22, 29
利休遠忌大法要 101
料理に対する不満 33
料理包丁道 64
リンケージ(linkage) 156
ロハス(LOHAS) 22
龍船(ろんちょん) 111

【わ 行】

和華蘭祭 115
和敬清寂 190
割り箸 13

【著者紹介】

山上　徹（やまじょう　とおる）
現　　職；同志社女子大学　現代社会学部・同大学院国際社会シ
　　　　　ステム研究科　特任教授・商学博士
学会活動；日本ホスピタリティ・マネジメント学会・会長
　　　　　日本港湾経済学会・常任理事等
主な著書；『観光立国へのアプローチ』成山堂書店，2010年。
　　　　　『ホスピタリティ精神の深化』法律文化社 2008年。
　　　　　『第二版　観光の京都論』学文社，2010年。
　　　　　『現代観光にぎわい文化論』白桃書房，2005年。

食文化とおもてなし

2012年2月20日　第一版第一刷発行
2013年3月30日　第一版第二刷発行

　　　　　　　　　著　者　山　上　　　徹
　　　　　　　　発行者　田　中　千　津　子
　　　　　　　　発行所　株式会社　学　文　社
〒153-0064　東京都目黒区下目黒3-6-1
電話（03）3715-1501 ㈹　振替 00130-9-98842
http://www.gakubunsha.com

落丁・乱丁本は，本社にてお取り替えします。　　◎検印省略
定価は売上カード・カバーに表示してあります。
　　　　　　　　　　　　　　　　　　　　印刷／倉敷印刷㈱
ISBN 978-4-7620-2254-8